머리말

159경기 출장, 636타수 197안타, 타율 0.310, 54홈런, 130타점, 59도루. 이는 LA 다저스로 이적한 첫해인 2024년에 오타니 쇼헤이 선수가 기록한 정규 시즌의 타격 성적이다.

2년 연속 홈런왕에 첫 타점왕을 차지하며 2관왕에 올랐고, 게다가 사상 최초의 50-50(50홈런·50도루)까지 달성한 것에는 경이롭다는 말밖에 나오지 않는다. 그야말로 슈퍼스타라는 말에 딱 어울리는 성적이다. 내셔널리그 MVP(최우수 선수)로 선정된 것은 당연한 결과라고 할 수 있으리라.

2023년에 팔꿈치 수술을 받은 영향으로 1년 내내 타자 역할에만 전념했다고 하지만, 팬은 물론이고 전문가 중에서도 오타니 선수가 이 정도로 활약하리라고 예상한 사람은 그리 많지 않았을 것이다.

그렇다면 오타니 선수가 이렇게 대활약할 수 있었던 비결은 대체 무엇일까? 야구 선수로서 기량이 정점에 오른 30세라는 나이가 된 것도 한 가지 요인일 것이다. 또한 홋카이도 닛폰햄 파이터스 시절과 비교하면 완전히 다른 사람으로 보일 만큼 몸이 거대해진 것이 머릿속에 떠오른 사람도 많지 않을까 싶다.

분명히 현대 야구계에서는 웨이트 트레이닝의 중요성이 널리 인지되고 있다. 오타니 선수도 웨이트 트레이닝을 통해 근력이 향상된 것이 틀림없다. 다만 오타니 선수가 이런 대활약을 펼칠 수 있었던 요인을 단순히 웨이트 트레이닝에서만 찾는 것은 적절하지 않다. 사실 오타니 선수는 미국으로 건너간 뒤 어떤 시기부터 타격 방법을 크게 바꿨다. 간단히 말하면 타구를 더 멀리까지 날리기 위한 타격 메커니즘으로 변경한 것인데, 그때까지의 타격 메커니즘과는 정반대의 방법론이라고 해도 과언이 아니다.

생각해 보면 타구를 멀리까지 날려 보내는 것이야말로 타격에서 느낄 수 있는 가장 큰 즐거움이다. 풀스윙을 해서 공을 먼 곳으로 날려 보냈을 때의 쾌감은 그 무엇과도 바꿀 수 없을 만큼 클 터이다. 오타니 선수는 야구의 순수한 원점이라고도 말할 수 있는 이 시점으로 되돌아간 것이다.

나는 오타니 선수가 '이도류'에 도전하기로 결심한 순간부터 그의 일거수일투족은 물론이고 발언까지 끊임없이 추적하고 있는 열성적인 팬이다. 이 책에서는 내가 지금까지 수집한 데이터에 입각해 현재 오타니 선수가 실천하고 있는 타격 방법을 철저히 해부함으로써 타구를 최대한 멀리 날려 보내려면 어떻게 해야 하는지를 설명하려고 한다.

이 책을 통해 오타니 선수의 타격을 추체험해 보길 바란다. 그리고 빅 플라이, 즉 홈런을 날리는 쾌감을 맛보게 된다면 저자에게 그보다 큰 기쁨은 없을 것이다.

2025년 4월
다치바나 류지

목차

머리말 … *2*

 **오타니 쇼헤이는 어떻게 이만큼 진화할 수 있었을까?**

진화의 요인은 네 가지 … *8*
진화의 요인 ❶ | 운동선수로서의 자세 확립 … *10*
파워 포지션의 열쇠는 골반과 대요근 … *12*
대요근의 크기는 신체 능력과 비례한다 … *14*
진화의 요인 ❷ | 견갑골의 운동성과 안정성 향상 … *16*
진화의 요인 ❸ | 근육량의 증가 … *20*
두 차례의 수술이 결과적으로 근육량의 증가를 불러왔다 … *22*
진화의 요인 ❹ | 수평 회전 중심에서 수직 회전 중심으로 전환 … *24*
Column 1   저반발 배트와 홈런 … *26*

 **오타니 쇼헤이의 타격 메커니즘을 해부한다**

파이터스 시절과 현재의 타격 자세를 비교한다 … *28*
메이저리그에서 진화를 거듭한 오타니 선수의 타격 포인트 15 … *30*
포인트 ❶ | 타석에 들어서기 전의 하프 스윙 … *32*
포인트 ❷ | 축발의 위치 확인 … *34*
포인트 ❸ | 준비 자세의 준비 … *36*
포인트 ❹ | 파워 포지션의 준비 자세 … *38*
포인트 ❺ | 플라잉 엘보 1 … *40*
포인트 ❻ | 토 탭 … *42*
포인트 ❼ | 힙 퍼스트 & 체중 이동 … *46*

포인트 ⑧ | 드롭 힐 & 엘보 인 … **50**
포인트 ⑨ | 플라잉 엘보 2 … **54**
포인트 ⑩ | 비하인드 볼 … **58**
포인트 ⑪ | 넥 리플렉스 … **60**
포인트 ⑫ | 호흡법 … **62**
포인트 ⑬ | 딜리트 프로네이션 … **64**
포인트 ⑭ | 토 레이즈 … **68**
포인트 ⑮ | 하이 피니시 … **70**
Column 2   우투좌타는 홈런을 치는 데 불리하다? … **74**

제 3 장   '미일 타격 격차'의 수수께끼를 밝혀낸다

승리지상주의와 즐거움 우선이라는 차이 … **76**
타자에게는 유형이 있다 … **78**
세 종류의 스윙 … **80**
투수가 던지는 공에는 반드시 입사각이 존재한다 … **82**
가장 공을 맞힐 확률이 높은 스윙은? … **84**
비거리가 가장 증가하는 각도는? … **86**
실험을 통해 밝혀진 미트 포인트까지의 최단 거리 … **88**
나이키의 마크처럼 휘둘러라! … **90**
어퍼 스윙의 열쇠를 쥐고 있는 '몸을 옆으로 굽히는' 움직임 … **92**
Column 3   2024년의 오타니 선수는 어떤 타구 각도의 홈런을 가장 많이 쳤을까? … **94**

제  장 흉내는 배움의 첫걸음

본보기가 되는 사람의 말과 행동을 철저히 흉내 낸다 … **96**

고단백 · 저지방의 식사를 하루 6~7회 한다 … **97**

하루 10시간 이상의 수면으로 몸을 쉬게 한다 … **98**

투수가 우완이냐 좌완이냐에 따라 내딛는 발의 위치를 바꾼다 … **100**

손가락 하나 정도의 너비를 띄우고 배트를 쥐며, 오른손 둘째손가락을 편다 … **101**

공을 극한까지 끌어들여서 친다 … **102**

배트 스프레이의 사용법도 독특 … **104**

데이터 · 동영상 · 코치의 조언을 중시한다 … **105**

목표 달성 시트를 작성하고 그 목표를 차례차례 달성해 왔다 … **106**

오타니 선수의 수많은 명언을 실행해 보자! … **107**

후기 … **108**

참고 문헌 … **110**

감수(한국어판)의 글 … **111**

제 1 장

오타니 쇼헤이는 어떻게 이만큼 진화할 수 있었을까?

진화의 요인은
네 가지

2024년 시즌에 메이저리그의 기록을 차례차례 갈아엎는 전무후무의 활약을 펼친 오타니 쇼헤이. 그는 어떻게 이렇게까지 진화할 수 있었을까?
나는 오타니 쇼헤이가 진화할 수 있었던 요인을 다음 네 가지로 분석한다.

❶ 운동선수로서의 자세 확립
❷ 견갑골의 운동성과 안정성 향상
❸ 근육량의 증가
❹ 수평 회전 중심에서 수직 회전 중심으로 전환

이 책의 중심 주제는 '오타니 선수의 타격 메커니즘을 철저히 해부함으로써 타구를 더 멀리 날려 보내는 방법을 알리는' 것이다. 그리고 방금 이야기한 네 가지 요인 가운데 이 주제와 직결되는 것은 ❹다. 다만 타격의 방법론을 논하기에 앞서 오타니 선수는 자신의 육체를 크게 개조했는데, 여기에 해당하는 것이 ❶~❸이다. 요컨대 ❶~❸을 통해 타격의 기초가 되는 몸을 만들고, 그 기반 위에서 타격의 방법론을 크게 전환한 것이다.
다음 항목부터 이 네 가지 요인에 관해 하나하나 자세히 설명하겠다.
(페이지의 오른쪽 위 또는 왼쪽 위에 있는 QR 코드를 스마트폰의 QR 코드 리더나 카메라로 읽어 들이면 그 항목과 관련된 훈련법의 동영상을 시청할 수 있다.)
또한 3페이지부터 111페이지에 걸쳐 오타니 선수의 타격 자세를 플립북 애니메이션 형식으로 실었다. 페이지를 빠르게 넘기면서 오타니 선수의 타격 자세를 '애니메이션'으로 살펴보길 바란다. 특히 제1~3장의 각 항목에서 설명한 주의 사항을 머릿속에 넣은 상태에서 보면 오타니 선수의 타격 메커니즘을 생생하게 실감할 수 있을 것이다.
제4장에서는 '흉내는 배움의 첫걸음'이라는 제목으로 오타니 선수의 컨디션 관리 방법과 독특한 루틴을 소개했다. 이것들을 꼭 따라 해 보기를 바란다. 오타니 선수의 실력에 가까워지기 위한 첫걸음이 될 것이다.

오타니 선수가 진화한 네 가지 요인

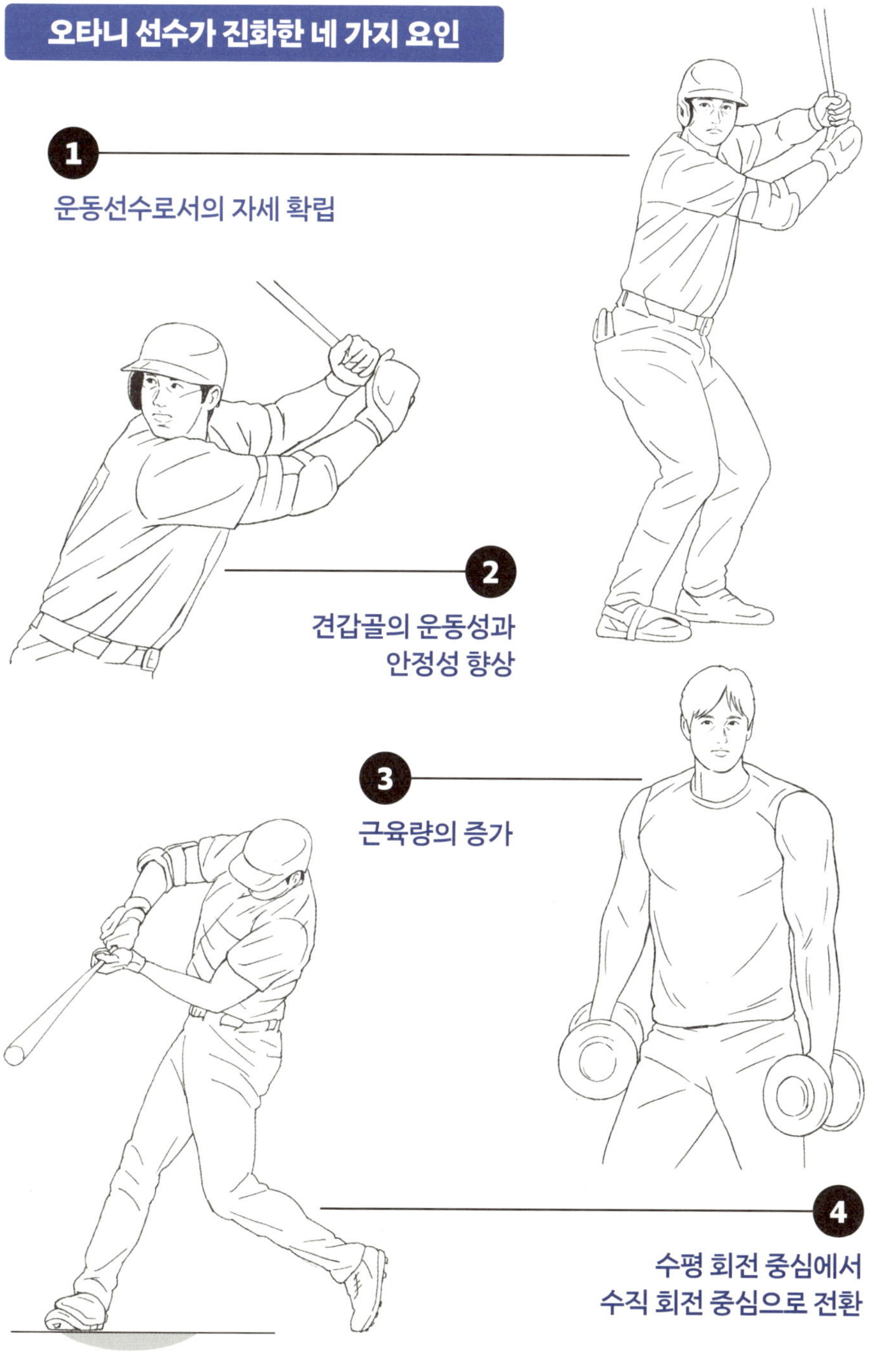

1 운동선수로서의 자세 확립

2 견갑골의 운동성과 안정성 향상

3 근육량의 증가

4 수평 회전 중심에서 수직 회전 중심으로 전환

진화의 요인 ❶
운동선수로서의 자세 확립

오타니 선수가 진화한 요인 중 첫 번째는 운동선수로서의 기본자세를 확립했다는 것이다.

오타니 선수가 실천하고 있는 자세를 '파워 포지션'이라고 한다. 파워 포지션은 가장 큰 힘을 낼 수 있는 동시에 가장 재빠르게 이동할 수 있는 자세를 의미한다. 구체적으로 설명하면 가슴을 펴고, 고관절을 가볍게 굽혀 엉덩이를 내밀며, 무릎도 살짝 굽힌 자세다. 참고로 고관절과 무릎을 얼마나 굽히는지는 상황에 따라 달라진다.

오른쪽 일러스트는 2024년 시즌에 오타니 선수가 타석에 들어섰을 때 취했던 준비 자세다. 방금 설명했듯이 엉덩이를 내밀고 가슴을 편 것을 알 수 있다. 이 자세를 취함으로써 힘 있는 스윙이 가능해졌기 때문에 타구의 비거리가 크게 증가한 것이다.

또한 파워 포지션을 취한 상태에서 트레이닝을 하면 트레이닝 효

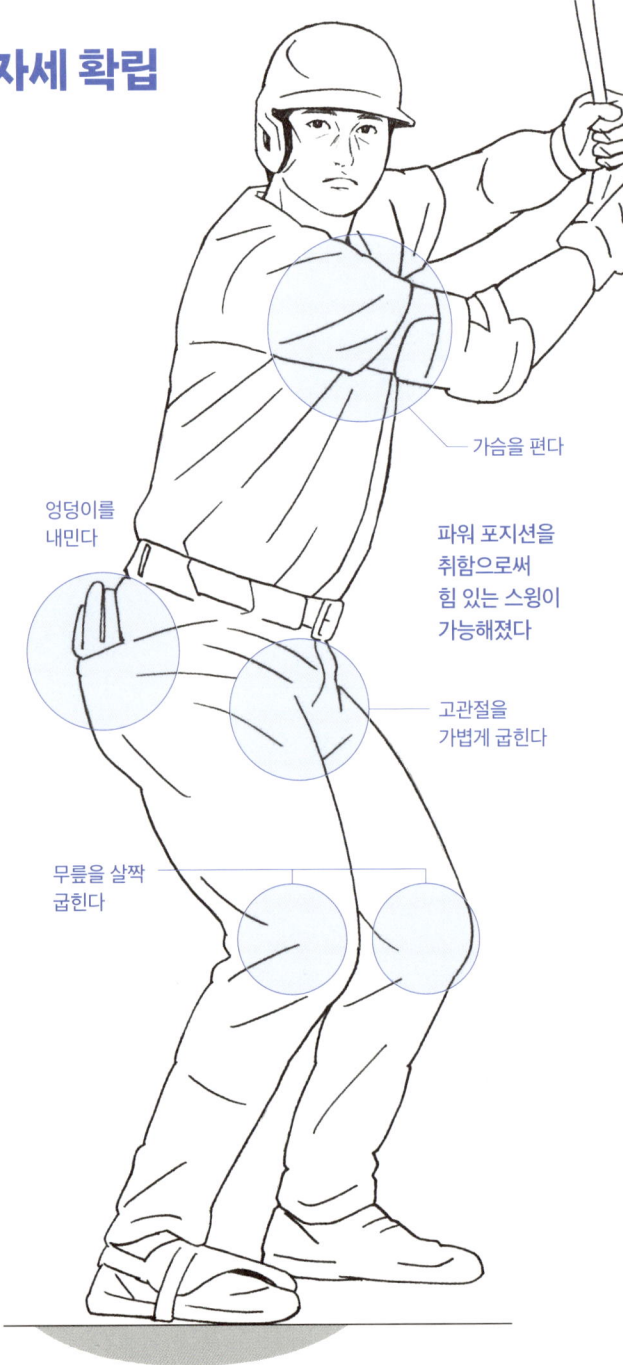

과가 압도적으로 커질 뿐만 아니라 부상당할 위험도 줄어든다. 이것도 타격의 진화에 크게 공헌했다는 것은 두말할 필요가 없다.

안타깝게도 일본의 야구 선수 가운데 파워 포지션을 취할 수 있는 선수는 그리 많지 않다. 그래서 오른쪽 일러스트처럼 가슴이 오그라든 자세가 되는데, 이런 자세에서는 큰 힘을 발휘할 수 없을 뿐만 아니라 팔의 조작도 뜻대로 잘되지 않는다.

가슴이 오그라들었다

가슴이 오그라든 자세에서는 큰 힘을 발휘하지 못하며 팔을 조작하기도 어려워진다

파워 포지션의 열쇠는 골반과 대요근

파워 포지션을 취할 수 있는가 없는가의 차이를 한마디로 표현하면, 골반이 곧게 서 있는가 앞뒤로 기울었는가의 차이다.

골반은 요추(등뼈의 허리 부분)와 대퇴골(넓적다리 뼈) 사이에서 몸을 지탱하는 골격이다. 천골(엉치뼈)과 미골(꼬리뼈)을 중심으로 좌우 한 쌍의 환골(장골, 치골, 좌골)로 구성되어 있다. 본래 골반은 곧게 서 있지만, 이런저런 요인 때문에 앞으로 기울거나 뒤로 기운다. 특히 현대인에게서 두드러지게 나타나는 골반 후방 경사는 새우등을 유발하며, 이와 연동해 엉덩이가 처지기 때문에 파워 포지션을 취하기가 어려워진다.

그렇다면 골반이 곧게 서기 위해서는 무엇이 필요할까? 그 열쇠를 쥐고 있는 것이 바로 대요근(큰허리근)이다. 대요근은 요추에서 골반 앞을 지나 대퇴골로 이어지는 근육으로, 대요근이 두꺼워 제대로 힘을 발휘하면 골반이 곧게 서서 파워 포지션을 취하기가 쉬워진다.

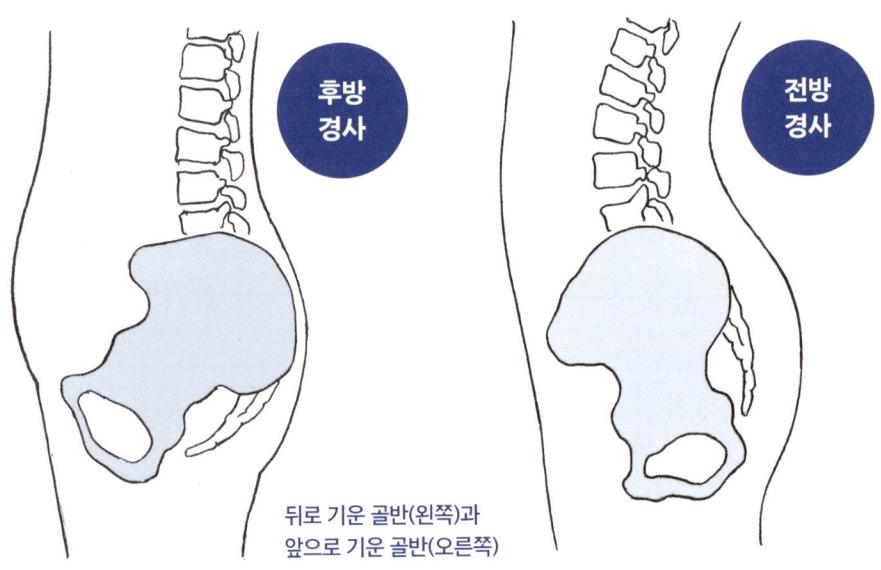

뒤로 기운 골반(왼쪽)과
앞으로 기운 골반(오른쪽)

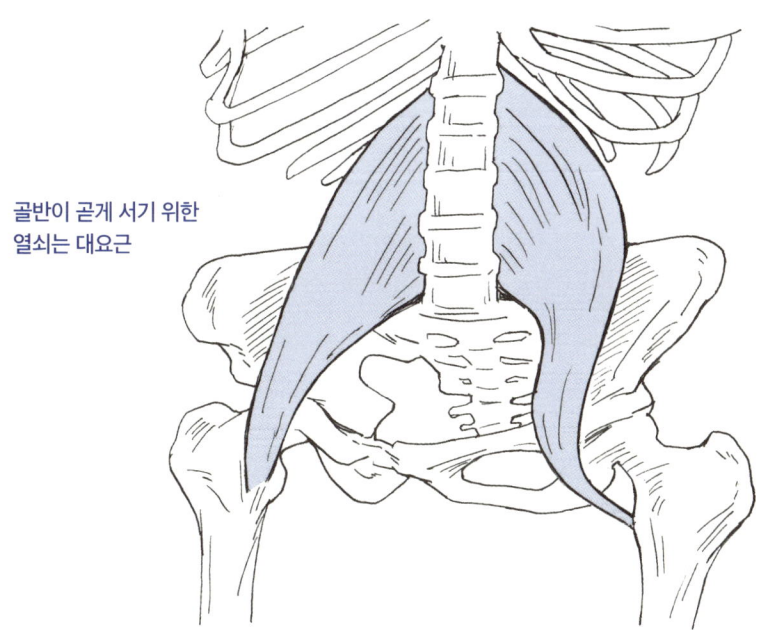

골반이 곧게 서기 위한
열쇠는 대요근

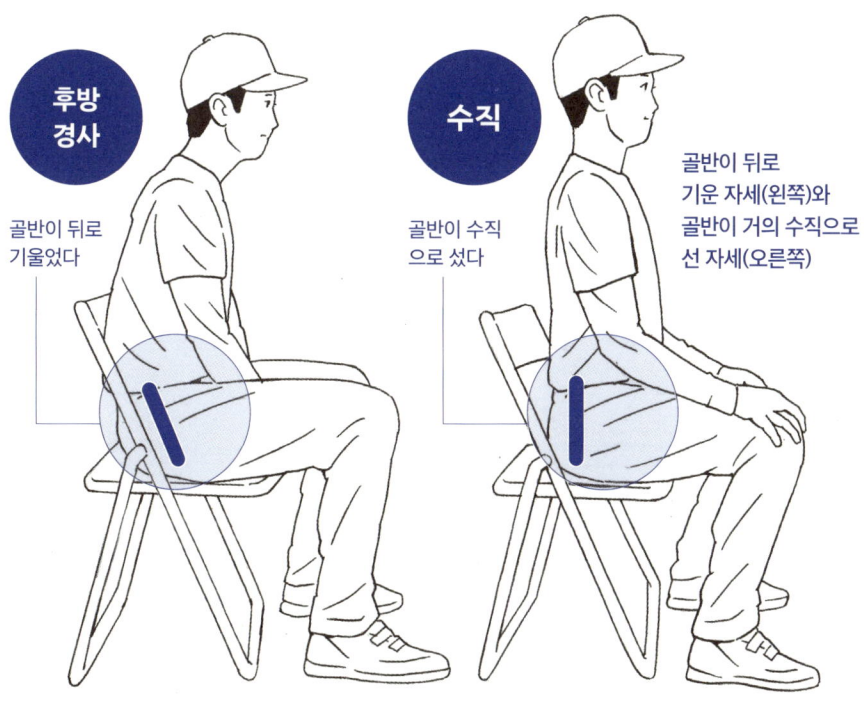

후방 경사

골반이 뒤로 기울었다

수직

골반이 수직으로 섰다

골반이 뒤로 기운 자세(왼쪽)와 골반이 거의 수직으로 선 자세(오른쪽)

대요근의 크기는
신체 능력과 비례한다

대요근의 크기는 자세와 관련이 있으며 달리기 속도에도 큰 영향을 끼친다. 육상의 단거리 경주 종목에서는 흑인 선수들이 압도적인 기량을 발휘하는데, 여기에는 이유가 있다. 흑인의 대요근은 백인의 약 3배에 이르기 때문이다. 그런 만큼 골반이 똑바로 서서 고관절을 역동적으로 움직일 수 있기에 빠르게 달릴 수 있는 것이다.

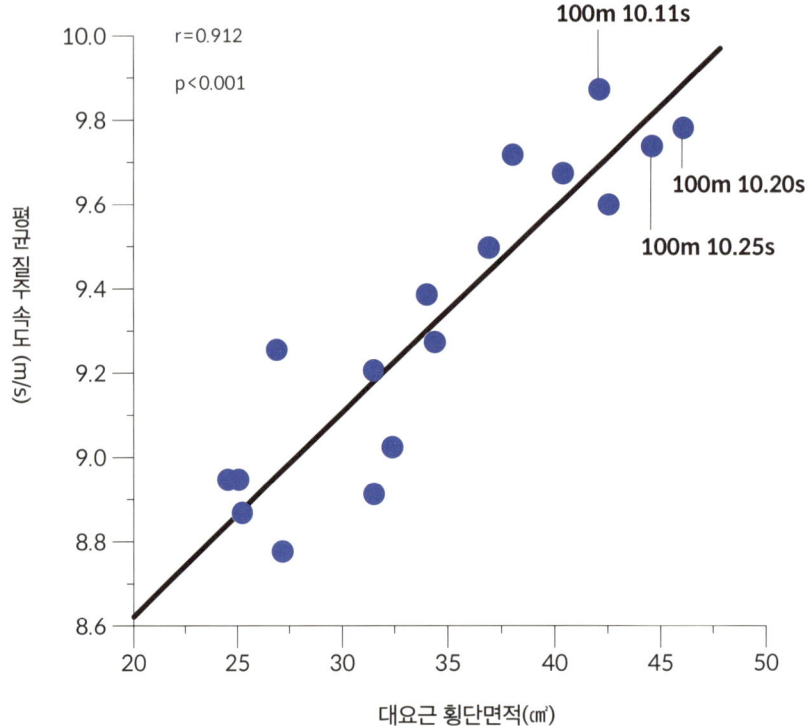

정상급 단거리 육상 선수의 대요근 횡단면적과 질주 속도의 관계

(쓰쿠바 대학교 대학원의 기누가사 류타 외)

그렇다면 흑인이 아닌 사람은 흑인처럼 빠르게 달릴 수 없는 것일까? 그렇지는 않다. 트레이닝을 통해 후천적으로 대요근의 단면적을 키울수록 100미터 달리기 기록이 상승한다는 사실이 최신 연구를 통해 판명되었다(왼쪽 페이지 도표 참조). 오타니 선수가 50-50(50홈런·50도루)을 달성할 수 있었던 요인 중 하나가 대요근이었음이 틀림없다.

미국의 4대 스포츠라고 하면 미식축구, 야구, 농구, 아이스하키인데, 이 가운데 아이스하키를 제외한 세 종목에서 흑인 선수가 압도적인 활약을 보이고 있다. 이런 사실을 보면 대요근의 크기가 달리기 속도뿐만 아니라 좋은 자세나 신체 능력 전반에 큰 영향을 끼친다는 것을 미루어 짐작할 수 있다.

15

진화의 요인 ❷
견갑골의 운동성과 안정성 향상

견갑골은 등의 상부에 좌우 한 쌍이 있는 역삼각형의 큰 뼈다(아래 일러스트 참조). 견갑골의 운동성이 향상되면 상반신을 원활하게 움직일 수 있다. 또한 견갑골은 앞뒤로도 위아래로도 움직이는 까닭에 아래에서 전해진 운동 연쇄에 따른 에너지를 더욱 크게 만들어 어깨에서 팔로 전달한다.

유소년 시절에 수영과 배드민턴을 배운 적이 있는 오타니 선수는 본래 견갑골의 가동역이 넓기로 유명했는데, 여기에 꾸준히 스트레칭 등을 계속한 결과 운동성이 더욱 향상되었을 것이다.

이 견갑골의 넓은 가동역은 타격의 '꼬임'을 만들 때도 중요하다. 톱(스윙을 시작하는 위치)을 만들 때는 팔을 포수 방향으로 끌어당기고, 내딛는 발은 투수 방향으로 내딛는다. 이처럼 상반신과 하반신이 반대 방향으로 움직인 상태를 '꼬임'이라고 한다. 꼬임을 만들면 배트를 휘두르는 공간을 확보할 수 있고 또 몸이 앞으로 쏠리지도 않게 되기에 타격에서 공에

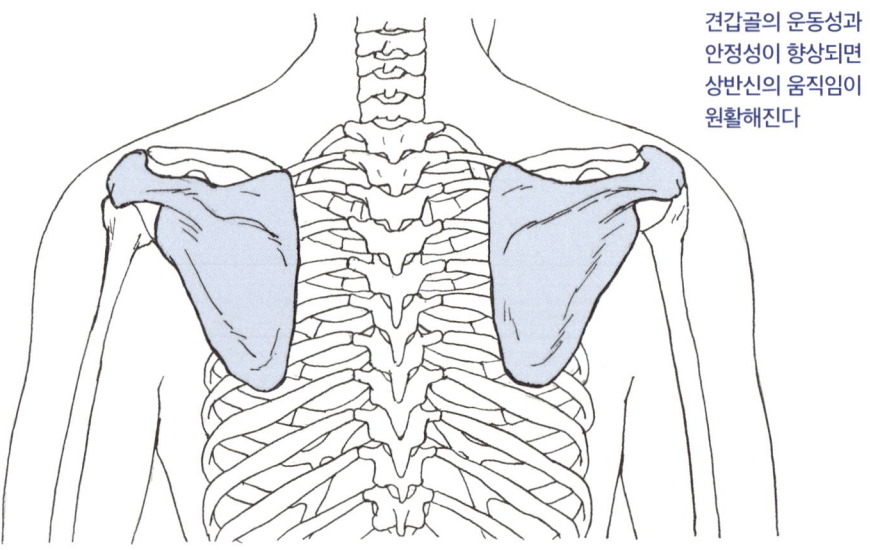

견갑골의 운동성과 안정성이 향상되면 상반신의 움직임이 원활해진다

대응할 수 있는 전후 폭이 넓어진다.

18~19페이지의 일러스트를 보길 바란다. 준비 자세일 때는 오른쪽 견갑골이 평평한 상태다. 이 상태에서 테이크백을 할 때 오른쪽 견갑골이 앞으로 나와 훌륭한 꼬임을 만들었다. 스윙이 끝난 뒤에도 왼쪽 견갑골이 앞으로 크게 나오기 때문에 단순히 어깨가 돌아가는 것이 아니라 운동 연쇄가 확대되는 것이다.

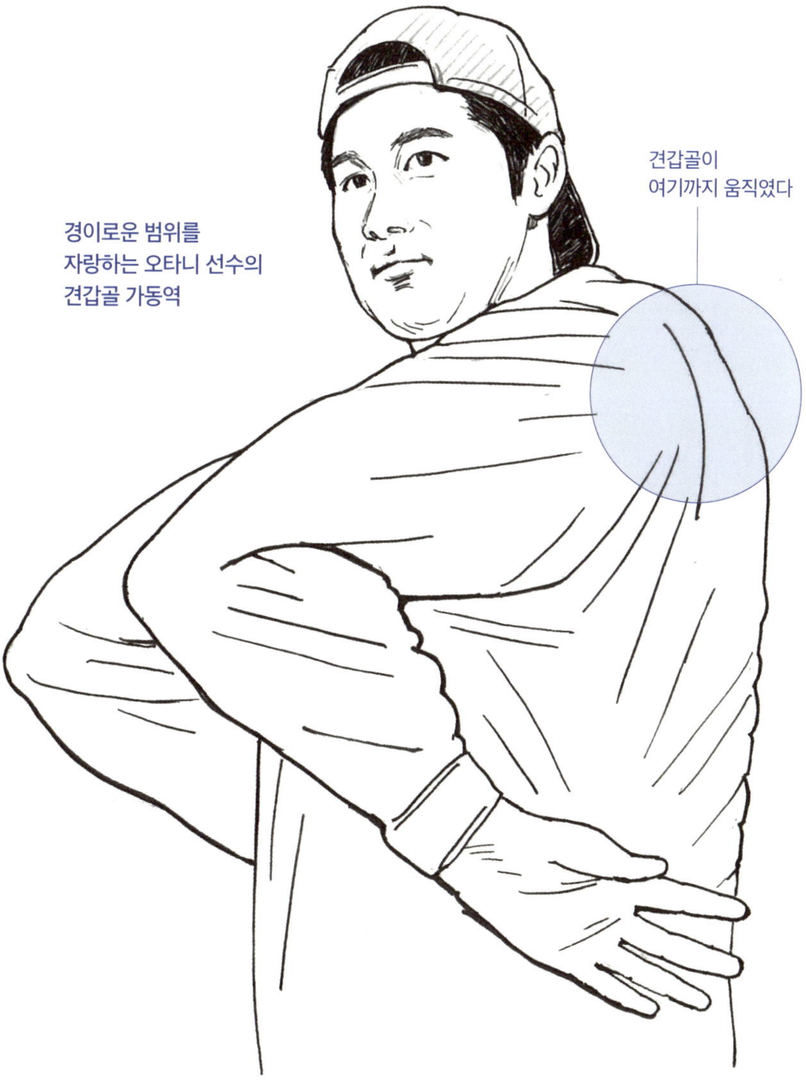

경이로운 범위를 자랑하는 오타니 선수의 견갑골 가동역

견갑골이 여기까지 움직였다

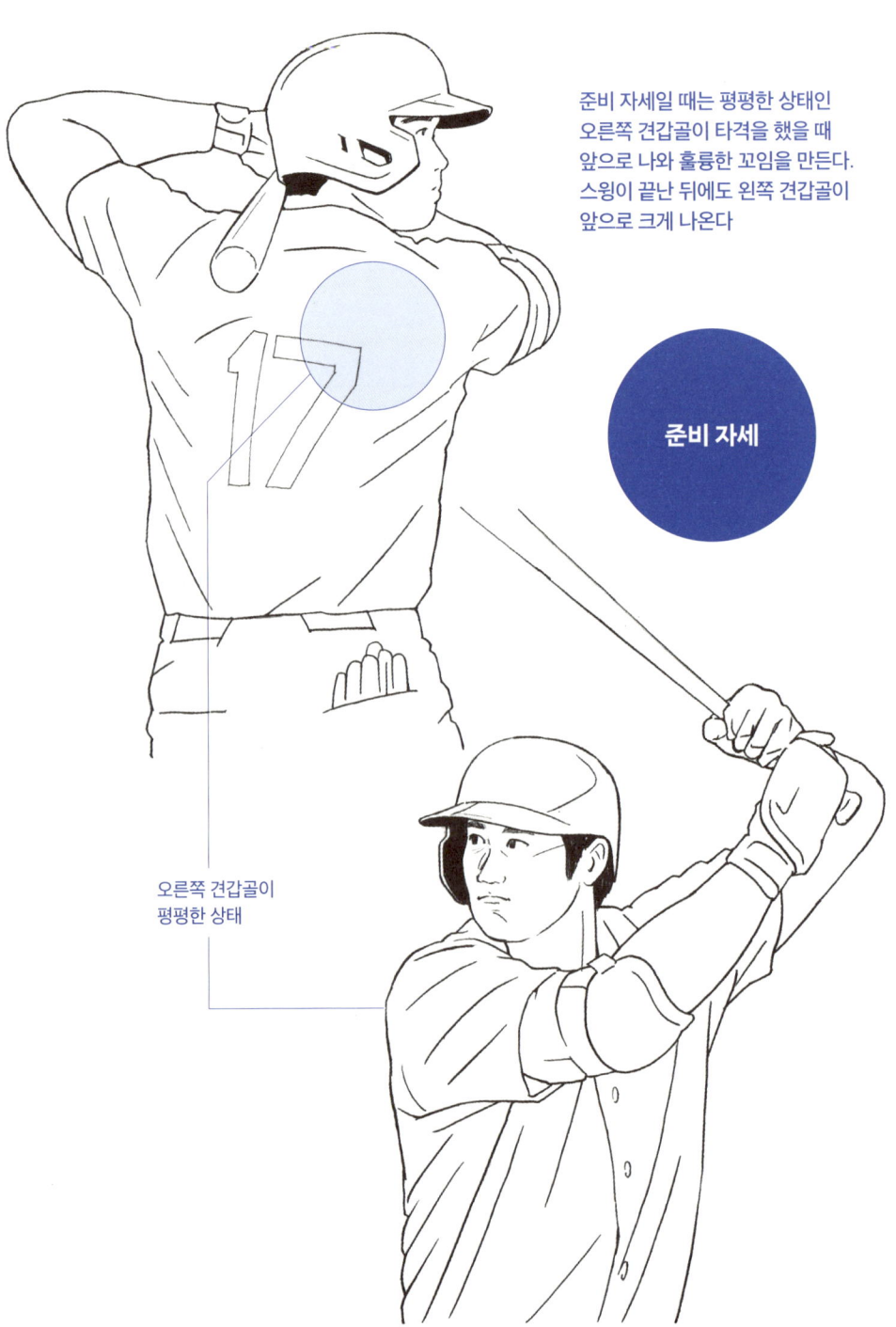

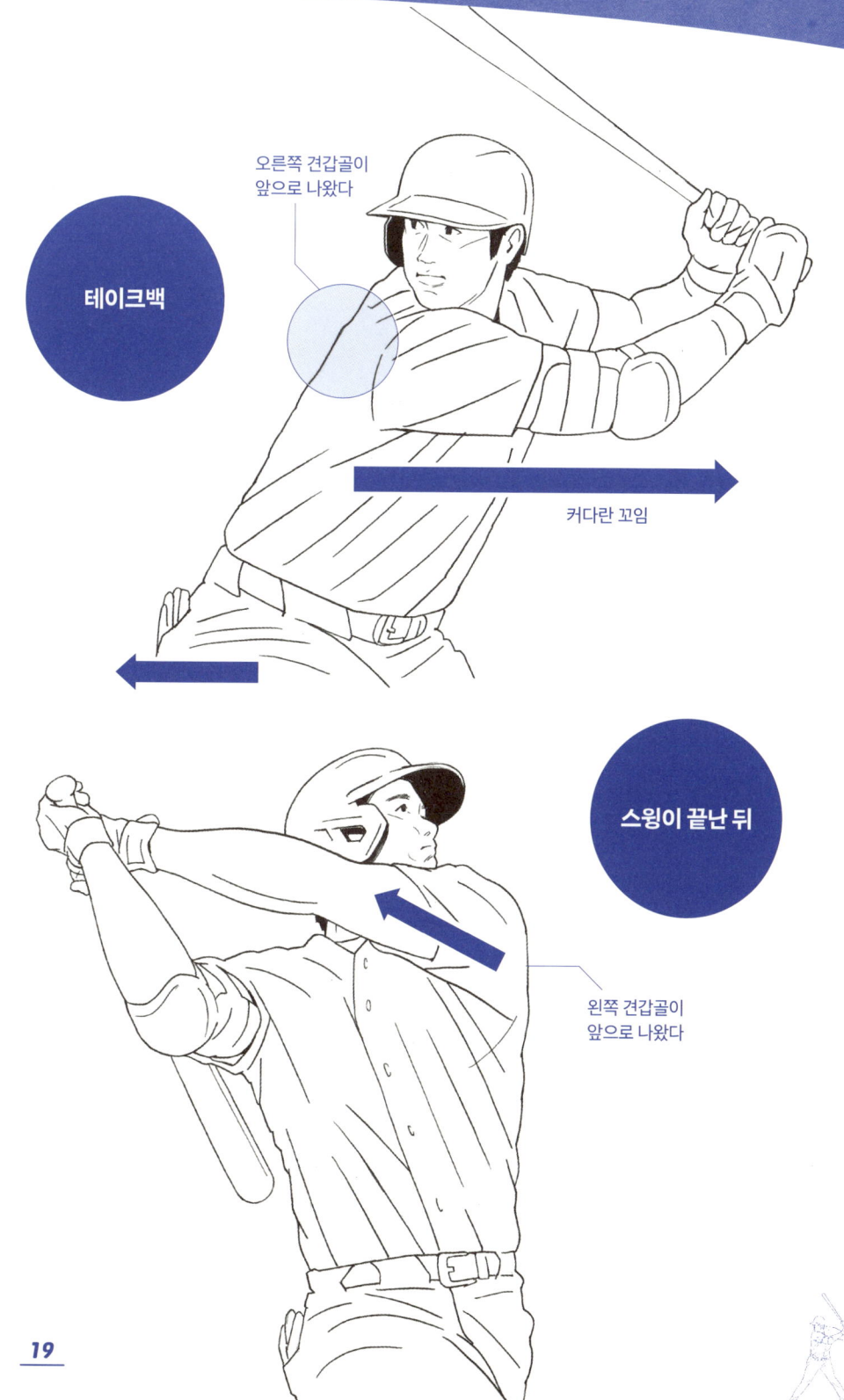

진화의 요인 ❸
근육량의 증가

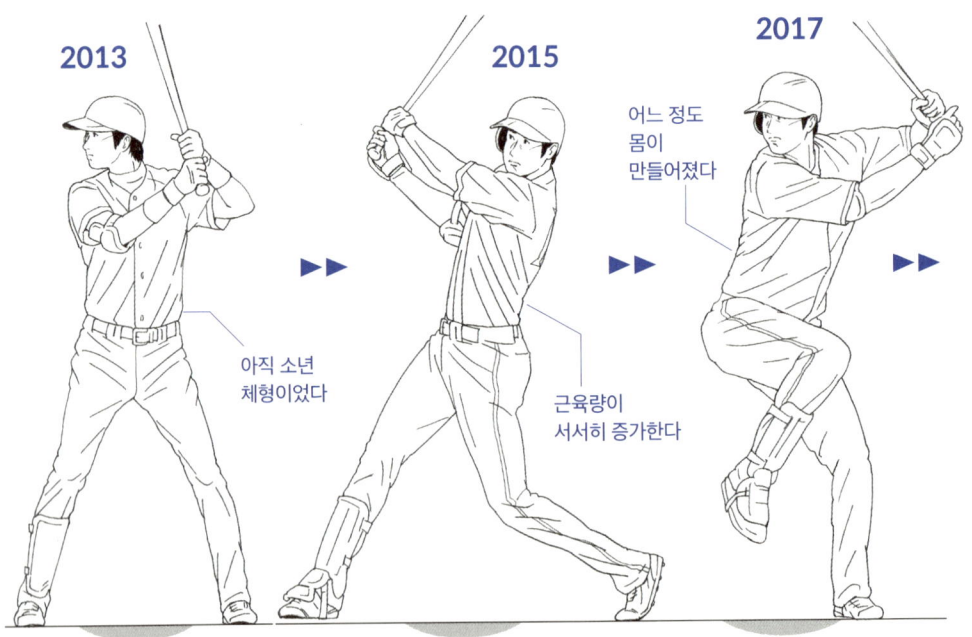

요즘 야구 선수에게는 웨이트 트레이닝이 필수가 되었다.
이 페이지의 상단부터 오른쪽 페이지에 걸친 일러스트는 홋카이도 닛폰햄 파이터스에 입단한 2013년부터 2024년까지 오타니 선수의 체형이 어떻게 변화했는지 나타낸 것이다. 파이터스에 입단했을 당시는 아직 소년 체형이었지만, 그로부터 2017년까지 4년 사이에 어느 정도 몸이 만들어졌음을 알 수 있다. 그리고 메이저리그로 이적한 2018년부터 2020년까지 3년 동안 몸이 서서히 커졌고, 2021년 이후 급격히 근육량이 증가했다. 그 이유에 관해서는 다음 항목에서 설명하겠다.
최근 인터뷰 기사에 따르면 오타니 선수의 현재 체격은 키 193센티미터에 몸무게 110~115킬로그램이라고 한다. 근육의 양이 불어나면 스윙 속도가 빨라진다는 것은 다양한 연구를 통해 판명되었다(오른쪽 도표 참조).

왼쪽 일러스트는 파이터스 시절인 2013년, 2015년, 2017년의 체형.
오른쪽 일러스트는 메이저리그 이적 후인 2018년, 2021년, 2024년의 체형

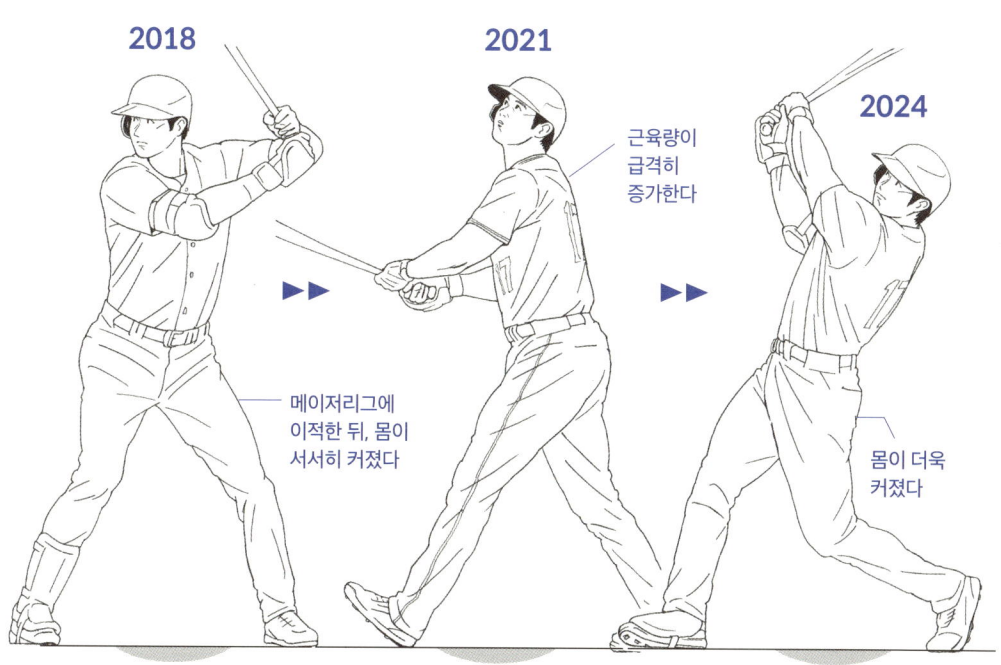

2018 ▶▶ **2021** ▶▶ **2024**

- 근육량이 급격히 증가한다
- 메이저리그에 이적한 뒤, 몸이 서서히 커졌다
- 몸이 더욱 커졌다

제지방 체중*과 스윙 속도

(Baseball Geeks에서 수정 인용)
《과학에 기반을 둔 뜬공 타법(科学に基づくフライボール打法)》다치바나 류지 지음, 베이스볼매거진사에서 수정 인용)

스윙 속도(km/h) vs 제지방 체중(kg)

* 제지방 체중: 체지방량을 제외한 몸무게

두 차례의 수술이
결과적으로 근육량의 증가를 불러왔다

2018년 10월에 오른쪽 팔꿈치의 내측 측부 인대 재건 수술, 일명 토미 존 수술을 받은 오타니 선수는 7개월 후인 2019년 5월에 DH(지명타자)로 복귀해 순조롭게 적응하며 타격 성적을 냈다. 다만 나는 타격 시 체중을 뒤에 남기지 않는 모습이 마음에 걸렸는데, 왼쪽 무릎이 이분 슬개골(슬개골이 둘 이상으로 나뉜 상태)임이 판명되어 그해 9월에 수술을 받음으로써 시즌을 조기에 마치게 되었다.

데드리프트로 225킬로그램 이상의 바벨을 들어 올리는 경이로운 힘

승모근
광배근
대둔근
햄스트링

수술 후 기능 회복 훈련을 충실히 한 결과, 2020년 7월 26일에 693일 만에 등판할 수 있었다. 또한 이 경기 복귀를 기점으로 본격적인 트레이닝을 할 수 있게 되었는데, 그 결과 2020년부터 2021년에 걸쳐 근육량이 비약적으로 증가했다.

현재 오타니 선수는 리프팅 벨트를 착용하지 않고도 '데드리프트'로 225킬로그램 이상의 바벨을 들어 올린다고 한다. 데드리프트가 등, 엉덩이, 넓적다리 뒤쪽을 단련하는 효과가 있음을 생각하면 파워 포지션을 취할 수 있게 된 것도 수긍이 간다.

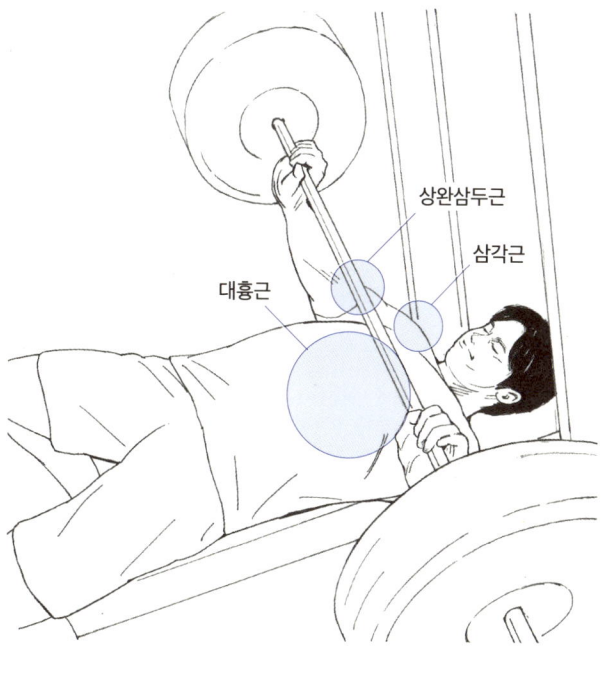

벤치프레스(위)도 스쿼트(아래)도 매일 수치를 갱신하고 있다

진화의 요인 ❹
수평 회전 중심에서
수직 회전 중심으로 전환

이 항목과 관련된 훈련법의
동영상을 시청할 수 있다.

오타니 선수가 진화한 네 번째 요인은 타격 자세의 전환이다. 타격의 중심적인 운동을 수평 회전에서 수직 회전으로 바꾼 것을 말한다. 수평 회전을 회전목마의 움직임, 수직 회전을 대관람차의 움직임이라고 생각하면 이미지를 떠올리기 쉬울 것이다.

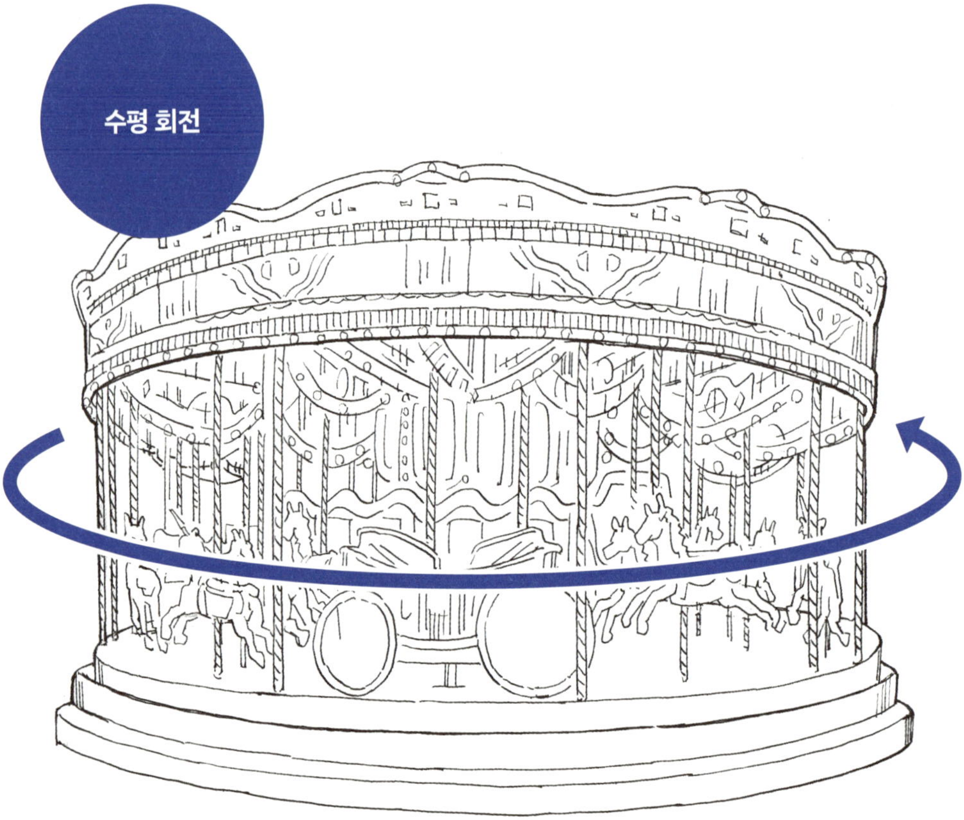

수평 회전

회전목마는 수평 회전

타격에서는 수평 회전도 수직 회전도 필요하다. 요컨대 양자택일의 문제가 아니라 둘 사이의 비율이 중요한데, 오타니 선수는 수직 회전을 중심으로 삼았다는 말이다.

타격할 때 수직 회전의 메커니즘에 관해서는 제2장과 제3장에서 자세히 설명할 것이다. 여기에서는 '오타니 선수는 수평 회전 중심에서 수직 회전 중심으로 전환함으로써 결과적으로 올바른 어퍼 스윙을 하게 되었고, 동시에 스윙의 폭도 비약적으로 커졌다.'라고만 기억해 두길 바란다.

수직 회전

대관람차는 수직 회전

Column 1

저반발 배트와 홈런

일본에서는 2024년 봄부터 고교 야구에 저반발 금속 배트, 이른바 '타구가 뻗지 않는 배트'가 본격적으로 도입되었다.

저반발 배트를 도입한 배경은 투수의 건강과 안전에 대한 고려다. 기존의 반발력이 높은 배트는 중심으로부터 다소 벗어난 위치에 공을 맞혀도 타구가 멀리 날아가기 때문에 '타고투저'가 되는 경향이 있어 투수의 어깨와 팔꿈치에 큰 부담을 줬다. 또한 날카로운 타구가 투수를 직격해 부상을 입히는 사례도 있었다.

저반발 배트의 경우, 비거리가 5~10미터는 줄어든다고 알려져 있다. 실제로 저반발 배트가 처음 사용된 2024년 여름 고시엔(전국 고등학교 야구 선수권 대회)에서는 홈런의 수가 합계 7개로 2023년의 23개에 비해 크게 감소했다.

이런 영향으로 고교 야구계에서는 번트나 팀 배팅을 구사하는 '스몰 베이스볼'로 이행하는 팀이 늘어났다고 한다. 또한 배팅 자체도 좀 더 확실하게 공을 맞힐 수 있는 방식으로 변화하고 있다.

나는 좀 더 확실하게 공을 맞힐 수 있도록 연구하는 것 자체는 결코 나쁘지 않다고 생각한다. 다만 그 방법론을 모든 선수에게 적용함에 따라 싹이 짓밟히는 고교 야구 선수가 늘어나지 않을까 우려된다.

'겨드랑이를 붙이고 공에 대해 최단 거리로 배트를 내민다.', '공을 위에서 내리쳐 땅볼을 굴리면 안타가 될 확률이 높아진다.', ……. 이런 기존 이론의 '잘못된 상식'에 관해서는 제3장에서 자세히 설명하겠다.

제 2 장

오타니 쇼헤이의 타격 메커니즘을 해부한다

파이터스 시절과 현재의 타격 자세를 비교한다

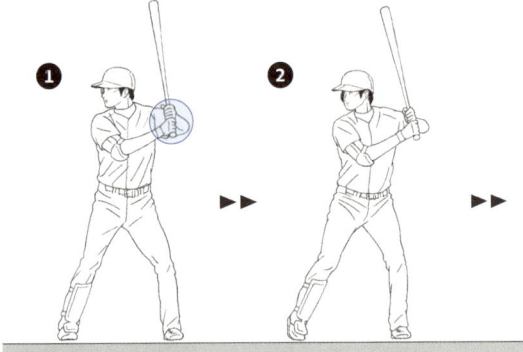

이 장에서는 일러스트를 통해 오타니 쇼헤이 선수의 현재 타격 메커니즘을 철저히 해부할 것이다.

먼저, 홋카이도 닛폰햄 파이터스 시절의 타격 자세(위)와 LA 다저스로 이적한 2024년 시즌의 타격 자세(아래)를 해부도로 비교해 봤다. 두 타격 자세 모두 실제 동영상을 일러스트로 옮긴 것이다. 체격도 그렇지만 타격 자세도 확실히 달라졌음을 알 수 있다.

구체적으로 어떤 부분이 달라졌는지, 다음 페이지에서 자세히 설명하겠다.

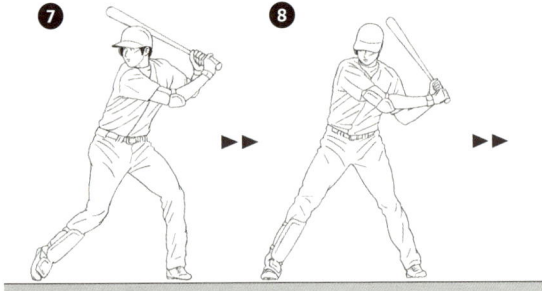

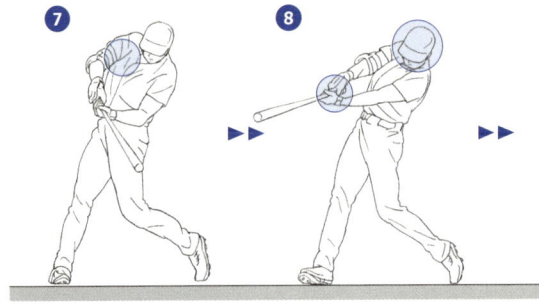

파이터스 시절의 타격 자세

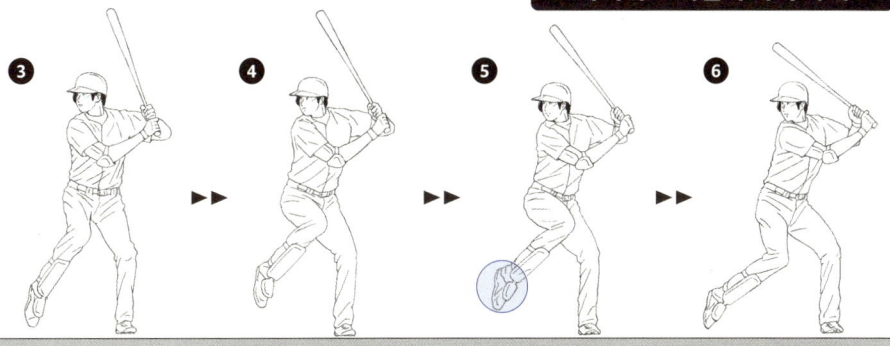

2024년 시즌의 타격 자세

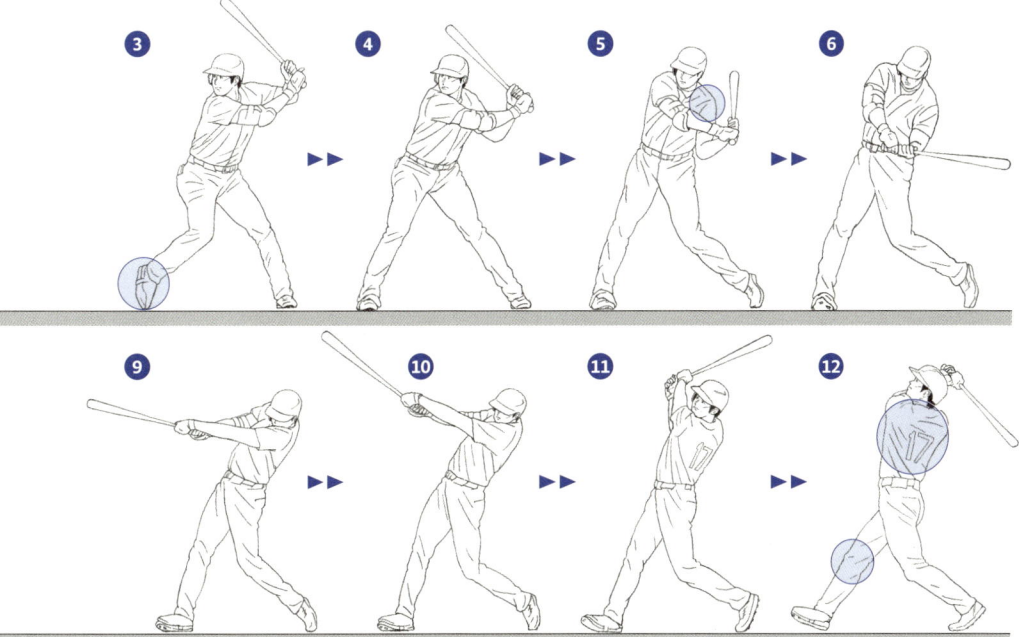

메이저리그에서 진화를 거듭한 오타니 선수의 타격 포인트 15

오타니 선수는 메이저리그로 이적한 뒤 타격에서 진화를 거듭했는데, 나는 그 포인트를 15개 항목으로 분석하려고 한다.

❶ 타석에 들어서기 전의 하프 스윙(인사이드 아웃의 확인)
❷ 축발의 위치 확인(타석에서 매번 똑같은 위치에 선다)
❸ 준비 자세의 준비(숄더 패킹을 하기 쉽게)
❹ 파워 포지션의 준비 자세(가장 힘을 내기 쉬운 자세로)
❺ 플라잉 엘보 1(왼쪽 팔꿈치를 높이 올린다)
❻ 토 탭(오른 발끝을 톡)
❼ 힙 퍼스트(오른 발꿈치와 엉덩이를 투수에게 향한다) & 체중 이동
❽ 드롭 힐 & 엘보 인(오른 발꿈치와 왼쪽 팔꿈치를 기세 좋게 내린다)
❾ 플라잉 엘보 2(꽉 찬 인코스에 대한 대책)
❿ 비하인드 볼(공을 뒤에서 본다)
⓫ 넥 리플렉스(목 반사를 이용한다)
⓬ 호흡법(입으로 푸 하고 호흡)
⓭ 딜리트 프로네이션(왼쪽 손목이 도는 것을 늦춰서 왼팔을 강하게 민다)
⓮ 토 레이즈(오른 발끝을 올리며 발꿈치로 회전한다)
⓯ 하이 피니시(골프의 드라이버 스윙 같은 피니시)

그러면 이 15개 항목에 관해 하나하나 설명하겠다.

오타니 쇼헤이가 메이저리그에서 바꾼 타격 자세의 포인트 15

① 타석에 들어서기 전의 하프 스윙(인사이드 아웃의 확인)

② 축발의 위치 확인(타석에서 매번 똑같은 위치에 선다)

③ 준비 자세의 준비(숄더 패킹을 하기 쉽게)

④ 파워 포지션의 준비 자세(가장 힘을 내기 쉬운 자세로)

⑤ 플라잉 엘보 1(왼쪽 팔꿈치를 높이 올린다)

⑥ 토 탭(오른 발끝을 톡)

⑦ 힙 퍼스트(오른 발꿈치와 엉덩이를 투수에게 향한다) & 체중 이동

⑧ 드롭 힐 & 엘보 인(오른 발꿈치와 왼쪽 팔꿈치를 기세 좋게 내린다)

⑨ 플라잉 엘보 2(몸쪽 꽉 찬 코스에 대한 대책)

⑩ 비하인드 볼(공을 뒤에서 본다)

⑪ 넥 리플렉스(목 반사를 이용한다)

⑫ 호흡법(입으로 푸 하고 호흡)

⑬ 딜리트 프로네이션(왼쪽 손목이 도는 것을 늦춰서 왼팔을 강하게 민다)

⑭ 토 레이즈(오른 발끝을 올리며 발꿈치로 회전한다)

⑮ 하이 피니시(골프의 드라이버 스윙 같은 피니시)

포인트 ❶
타석에 들어서기 전의 하프 스윙

오타니 선수는 2024년 시즌부터 타석에 들어서기 전에 하는 루틴 스윙 방식을 변경했다. 그전까지 평범하게 스윙하던 것을 하프 스윙으로 바꾼 것이다.

먼저 배트를 왼쪽 어깨에 얹고, 이 상태에서 오른발을 가볍게 올린다. 참고로, 뒤에서 설명하겠지만 실제 타격을 할 때는 오른발을 올리지 않고 슬라이드 스텝으로 대응한다.

그리고 하프 스윙으로 배트를 멈췄을 때 오른 발끝을 가볍게 올린다.

LA 다저스의 애런 베이츠 타격 코치는 이것이 왼쪽 팔꿈치의 각도를 고정하고 겨드랑이를 붙여서 배트를 안쪽에서부터 내는 '인사이드 아웃'의 이미지를 확인하기 위한 것이라고 설명했다.

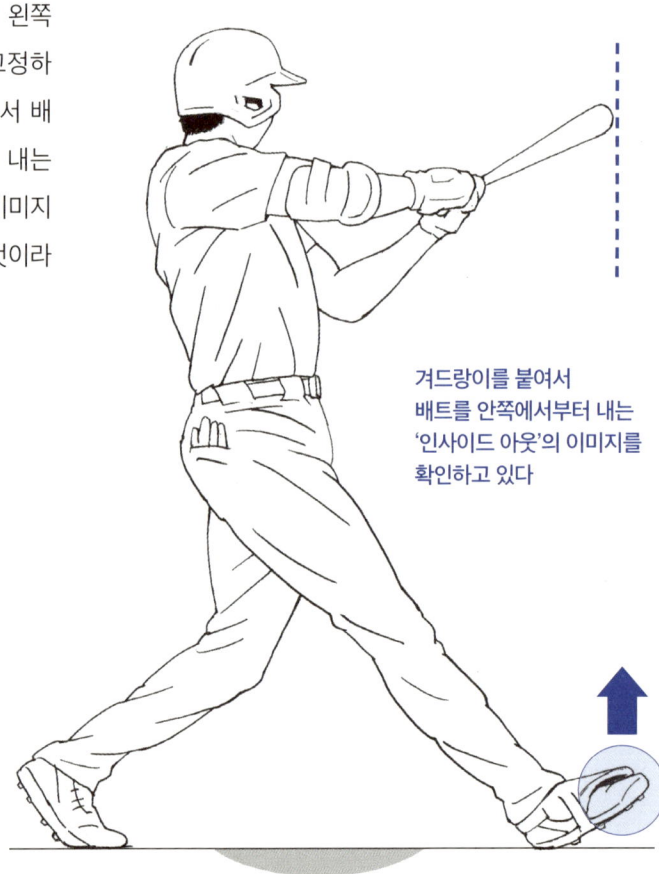

겨드랑이를 붙여서 배트를 안쪽에서부터 내는 '인사이드 아웃'의 이미지를 확인하고 있다

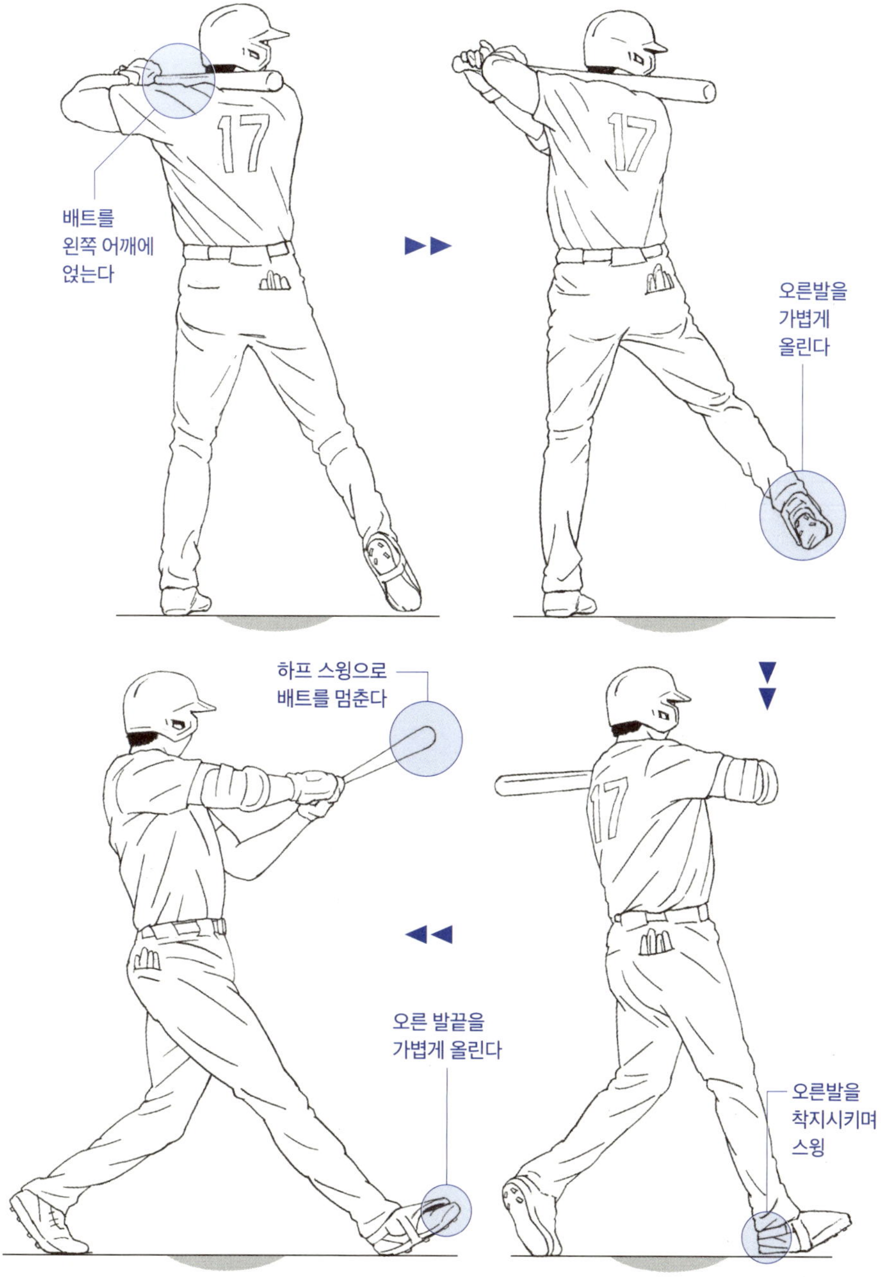

배트를
왼쪽 어깨에
얹는다

오른발을
가볍게
올린다

하프 스윙으로
배트를 멈춘다

오른 발끝을
가볍게 올린다

오른발을
착지시키며
스윙

배트를 왼쪽 어깨에 얹고 오른발을 가볍게 들며,
하프 스윙으로 배트를 멈췄을 때 오른 발끝을 가볍게 올린다

포인트 ❷
축발의 위치 확인

타석에 들어선 뒤에도 루틴이 있다. 이는 2024년 6월 14일에 있었던 캔자스시티 로열스와의 경기의 두 번째 타석에서부터 도입한 루틴으로, 축발(좌타자인 오타니 선수의 경우는 왼발)을 둘 위치를 확인하는 것이다.

그 방법이 참으로 독특한데, 배트의 헤드 끝을 홈플레이트의 제일 뒤쪽 모서리에 대고 3루 라인과 홈플레이트의 연장선에 배트의 방향을 일치시키며 바닥에 살짝 놓아 그립엔드(손잡이 끝)의 위치를 확인한 뒤 그곳에 축발을 둔다.

이 루틴에 관해 오타니 선수는 "똑같은 위치에 서서 똑같은 준비 자세를 취하는 것이 가장 중요해서 그렇습니다. 구장에 따라 타자석의 라인 굵기가 다른데, 이 때문에 위치가 다소

똑같은 위치에 서서
똑같은 준비 자세를 취하는 것이
가장 중요하다

어긋나는 일이 없도록 하기 위해서입니다."라고 말했다. 또한 "항상 같은 위치에서 공을 보는 것은 가장 중요한 일입니다. 역시 스윙을 시작하기 전 단계가 제일 중요하지요."라는 말도 했다.

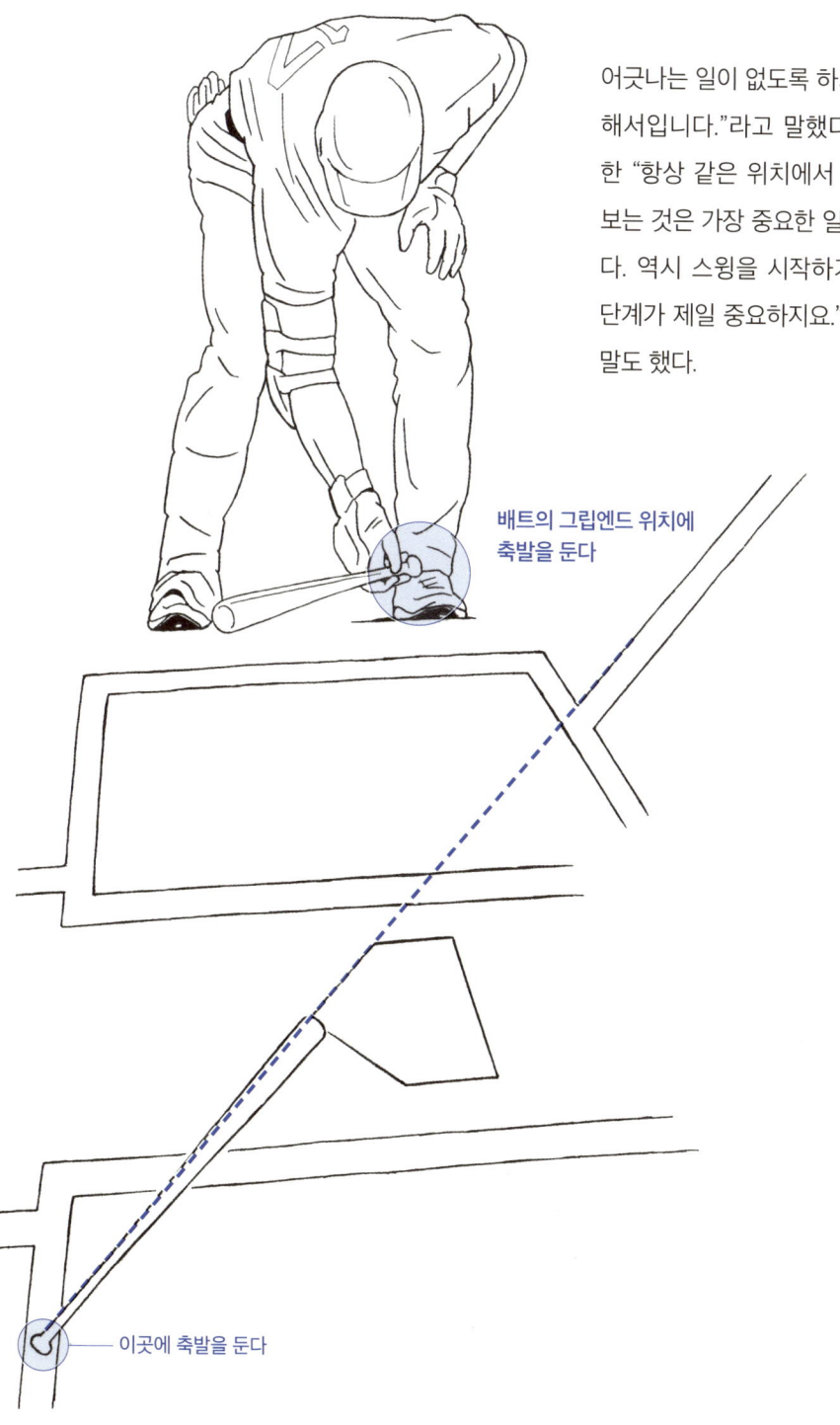

배트의 그립엔드 위치에 축발을 둔다

이곳에 축발을 둔다

포인트 ❸
준비 자세의 준비

두 가지 루틴이 끝나면 타석에서 준비 자세를 취하기 위한 준비에 들어간다.
하프 스윙을 할 때와 마찬가지로 왼쪽 어깨에 배트를 얹는데, 이때는 왼쪽 팔꿈치를 높이 올린다. 그러면 그 움직임에 따라 오른쪽 팔꿈치도 자연스럽게 높이 올라간다.
이때 양 팔꿈치를 내린 상태에서 배트를 어깨에 얹으면 등이 구부러져서 파워 포지션(자세한 내용은 10페이지 참조)을 취할 때 중요한 숄더 패킹(어깨를 적정한 위치에서 안정시키는 것)을 할 수 없게 된다.

양 팔꿈치를 높이 올림으로써 파워 포지션을 취하기가 쉬워진다

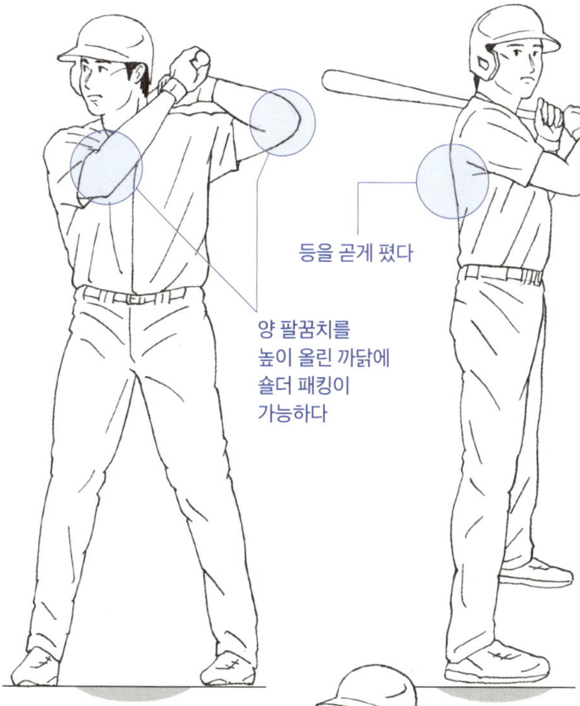

등을 곧게 폈다

양 팔꿈치를
높이 올린 까닭에
숄더 패킹이
가능하다

**준비 자세를
위한
준비의 좋은 예**

팔꿈치를 내린 상태에서
배트를 어깨에 얹으면
등이 구부러지기 쉽다

등이 구부러졌다

양 팔꿈치를
내렸기 때문에
숄더 패킹이
불가능하다

**준비 자세를
위한
준비의 나쁜 예**

포인트 ❹
파워 포지션의 준비 자세

제1장에서도 이야기했듯이, 오타니 선수가 진화할 수 있었던 첫 번째 요인은 항상 파워 포지션을 취하게 되었기 때문이다. 파워 포지션이란 엉덩이를 가볍게 내밀고 가슴을 편 자세를 가리킨다(아래 일러스트 참조). 이를 통해 스윙의 파워가 크게 상승했다.

오른쪽 페이지 상단의 오른쪽 일러스트는 홋카이도 닛폰햄 파이터스 시절 오타니 선수의 타격 자세를 정면에서 바라본 것이고, 왼쪽 일러스트는 메이저리그로 이적한 뒤의 타격 자세를 정면에서 바라본 것이다. 그립 위치 등이 달라졌지만, 양쪽 모두 파워 포지션을 취하고 있다. 다만 결정적인 차이는 약간 밭장다리가 되었다는 점이다(오른쪽 페이지 하단 왼쪽 일러스트 참조). 이는 처음부터 다리 안쪽에 힘을 주면 시동 시에 몸이 열리기 쉬운 데 비해 약간 밭장다리인 상태로 준비 자세를 취하면 시동 시에 안쪽으로 힘을 주기 쉬워지기 때문인 것으로 짐작된다.

오타니 선수는 "준비 자세만 제대로 취한다면 투수가 왼손잡이든 오른손잡이든 상관없습니다."라고 말했다.

이 준비 자세 덕분에 스윙 파워가 상승했다

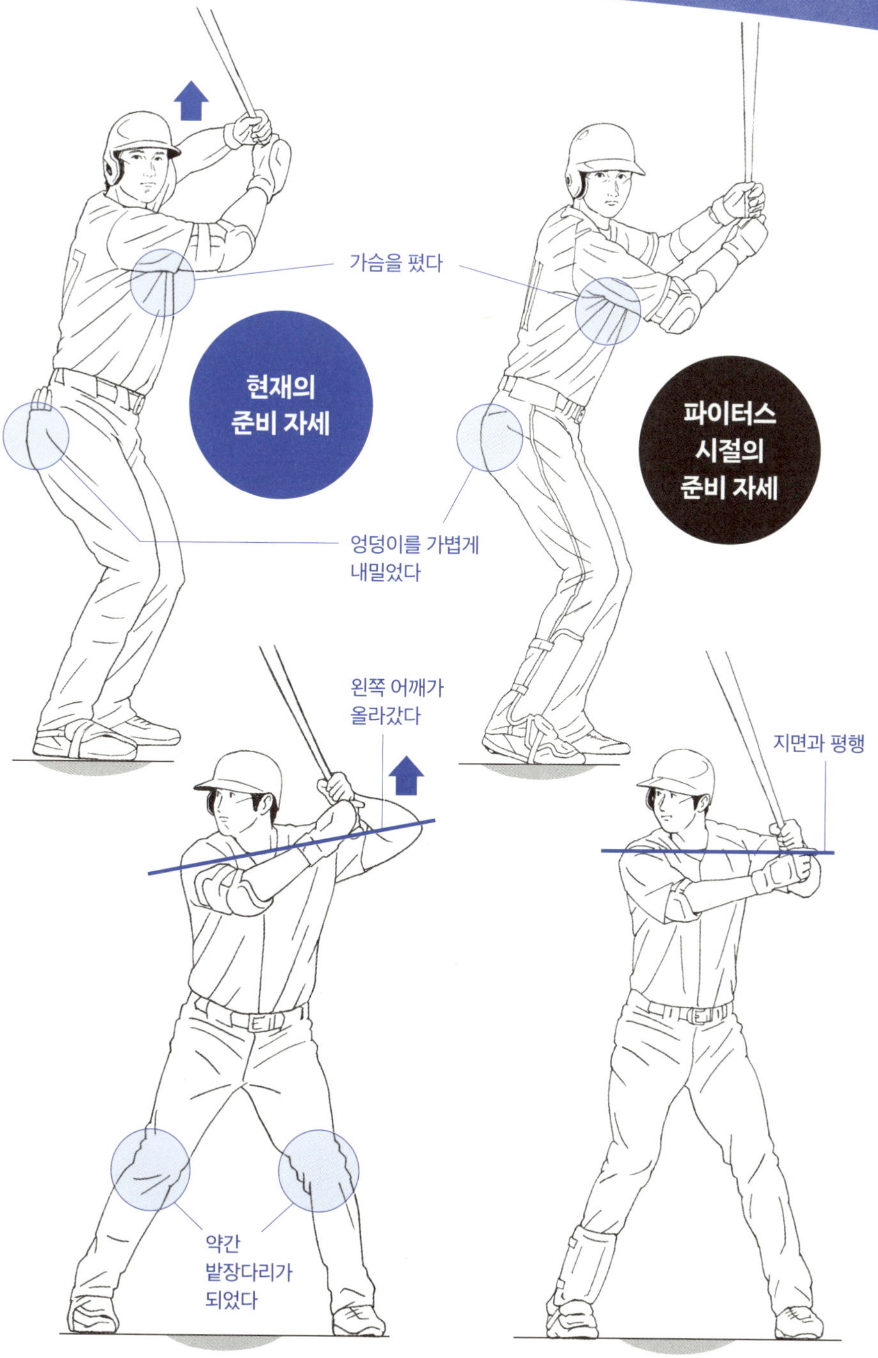

현재의
준비 자세

파이터스
시절의
준비 자세

가슴을 폈다

엉덩이를 가볍게
내밀었다

왼쪽 어깨가
올라갔다

지면과 평행

약간
밭장다리가
되었다

파이터스 시절(오른쪽)과 현재(왼쪽)의 준비 자세의 차이.
현재는 약간 밭장다리를 만듦으로써 시동 시 안쪽에 힘이 들어가기 쉬워졌다.

39

포인트 ⑤
플라잉 엘보 1

배트를 쥐었을 때 위가 되는 손을 톱 핸드라고 한다. 오타니 선수는 왼손이 톱 핸드다. 오타니 선수는 수직 회전을 위한 준비로서 왼쪽 팔꿈치를 올리는데, 이 자세를 플라잉 엘보라고 한다.

왼쪽 팔꿈치를 올려서 플라잉 엘보 자세를 취하면 오른쪽 어깨와 오른쪽 허리의 거리가 줄어드는 동시에 왼쪽 어깨와 왼쪽 허리의 거리는 멀어진다. 따라서 왼쪽으로 '몸을 굽힐'

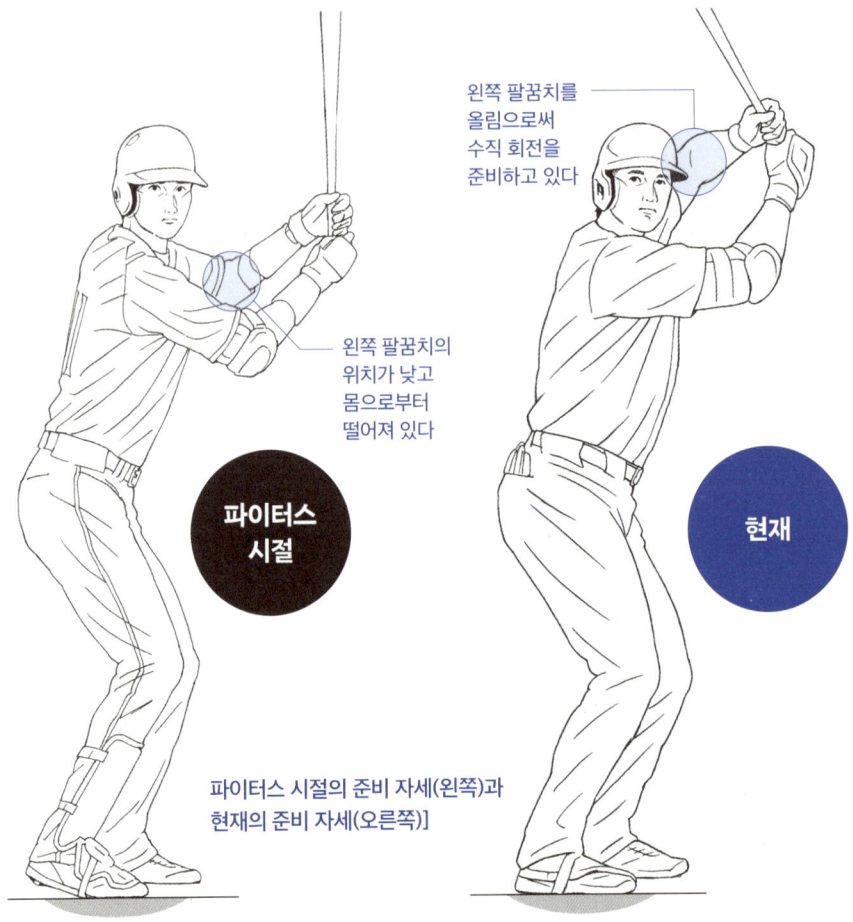

[파이터스 시절의 준비 자세(왼쪽)과 현재의 준비 자세(오른쪽)]

필요가 생긴다. 요컨대 왼쪽으로 몸을 굽히기 위해 그 반대 움직임으로서 왼쪽의 플라잉 엘보를 실행하는 것이다. 뛰어오르기 위해 일단 움츠리는 것과 같은 원리다.

왼쪽 페이지 왼쪽 일러스트는 파이터스 시절의 준비 자세를 정면에서 바라본 것이다. 왼쪽 팔꿈치의 위치가 낮고 몸으로부터 떨어져 있음을 알 수 있다. 반면에 현재의 준비 자세인 오른쪽 일러스트에서는 왼쪽의 플라잉 엘보를 통해 수직 회전을 준비하고 있는 것이 보인다.

또한 옆에서 본 준비 자세를 그린 일러스트(아래 참조)를 보면 파이터스 시절과 비교했을 때 오른쪽 어깨와 오른쪽 허리의 거리가 완전히 다름을 알 수 있다. 바로 이 거리의 차이가 수평 회전을 위한 준비와 수직 회전을 위한 준비의 차이를 나타낸다.

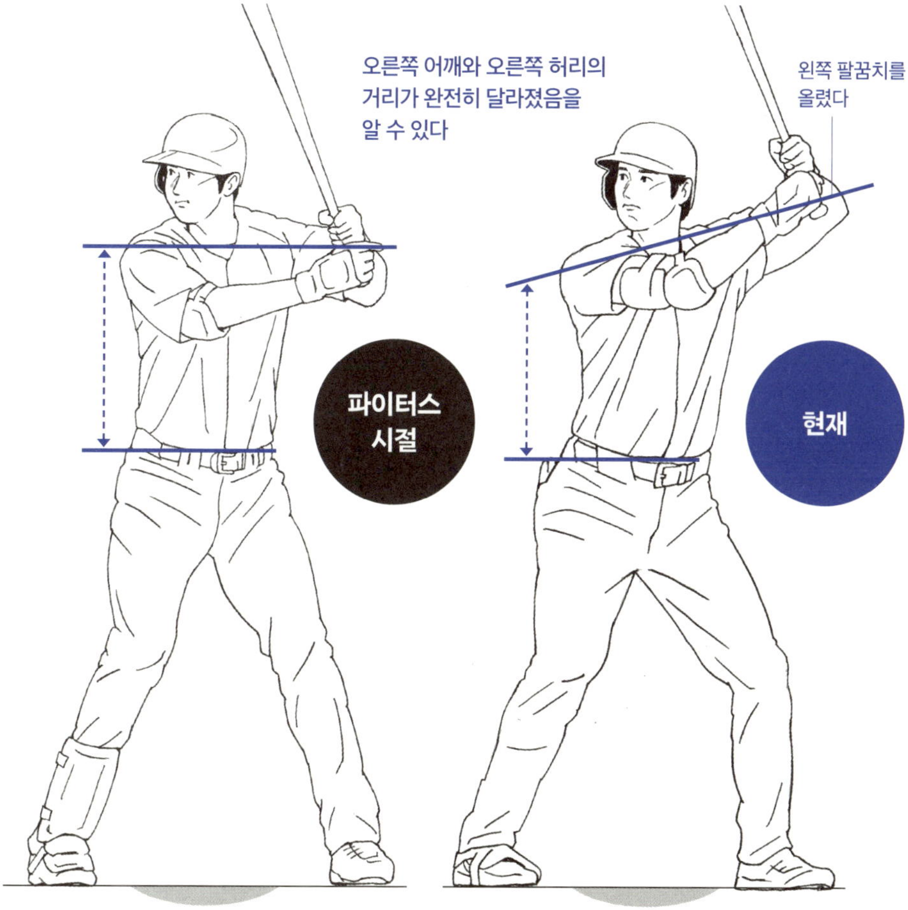

포인트 ❻
토 탭

아래 일러스트는 메이저리그 1년 차였던 2018년 시범 경기 다섯 번째 타석에서 중견수 앞으로 시범 경기 첫 안타를 쳤을 때의 타격 자세다. 오른발을 크게 들어 올린 것을 알 수 있다. 그러나 이후 좋은 타구가 잘 나오지 않자 다리 올리기를 그만두고 슬라이드 스텝으로 바꿨다.

일본의 투수는 '하나두울~, 셋'의 타이밍에 공을 던지기 때문에 다리를 들어 올리는 것이 중요하다. 그러나 메이저리그의 투수는 '하나, 둘, 셋'의 타이밍에 던지기 때문에 다리를 들어 올릴 시간이 없다. 또한 메이저리그 투수의 구속이 일본에 비해 평균적으로 시속 10킬로미터 가까이 빠른 것도 슬라이드 스텝으로 바꾼 이유 중 하나다.

오타니 선수는 슬라이드 스텝으로 바꾼 뒤 토 탭(발끝을 톡)으로 타격 타이밍을 잡는다. 투수가 내딛는 발이 지면에 닿은 순간 톡 하고 오른 발끝을 전방으로 탭하는 것이다. 이 때 오타니 선수는 세 가지 동작을 동시에 하는데, 그 세 가지 동작은 다음과 같다.

❶ 축발(왼발)에 체중을 싣는다
❷ 내딛는 발(오른발)을 전방으로 탭한다
   (스파이크 바닥을 1루 측 벤치 방향으로 향한다)
❸ 양손을 가볍게 후방으로 뺀다

메이저리그 이적 직후에는 오른발을 높이 들어 올렸다

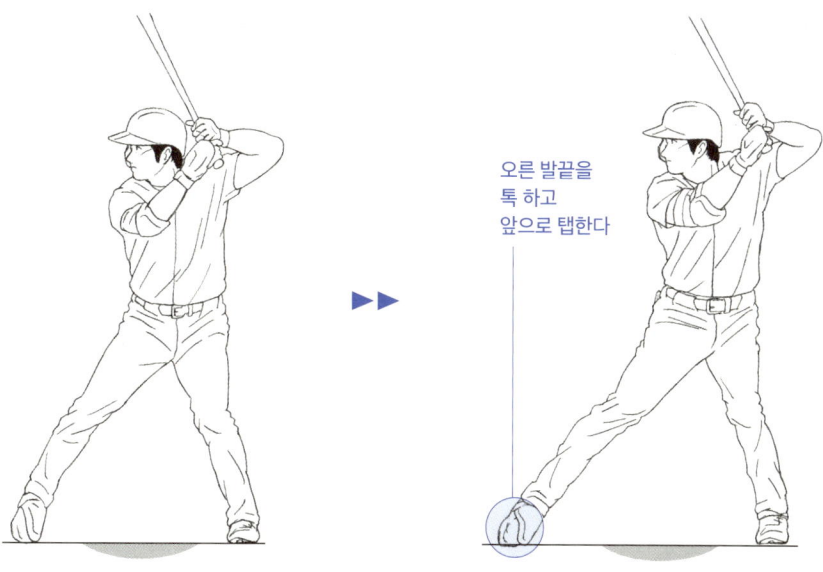

오른 발끝을
톡 하고
앞으로 탭한다

이러한 동작의 장점은 투수의 타이밍에 맞추기 쉽다는 것이다. 너무 이른 타이밍에 스윙하거나 너무 늦은 타이밍에 스윙하는 일이 줄어들기 때문이다. 단점은 지면으로부터의 반발을 이용할 수 없다는 것인데, 웨이트 트레이닝으로 힘을 키움으로써 대응할 수 있다.

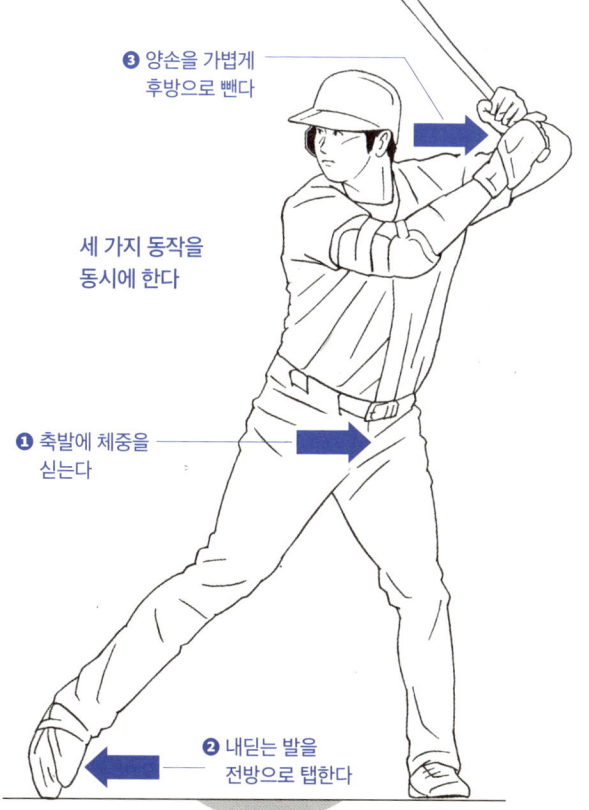

❸ 양손을 가볍게
후방으로 뺀다

세 가지 동작을
동시에 한다

❶ 축발에 체중을
실는다

❷ 내딛는 발을
전방으로 탭한다

43

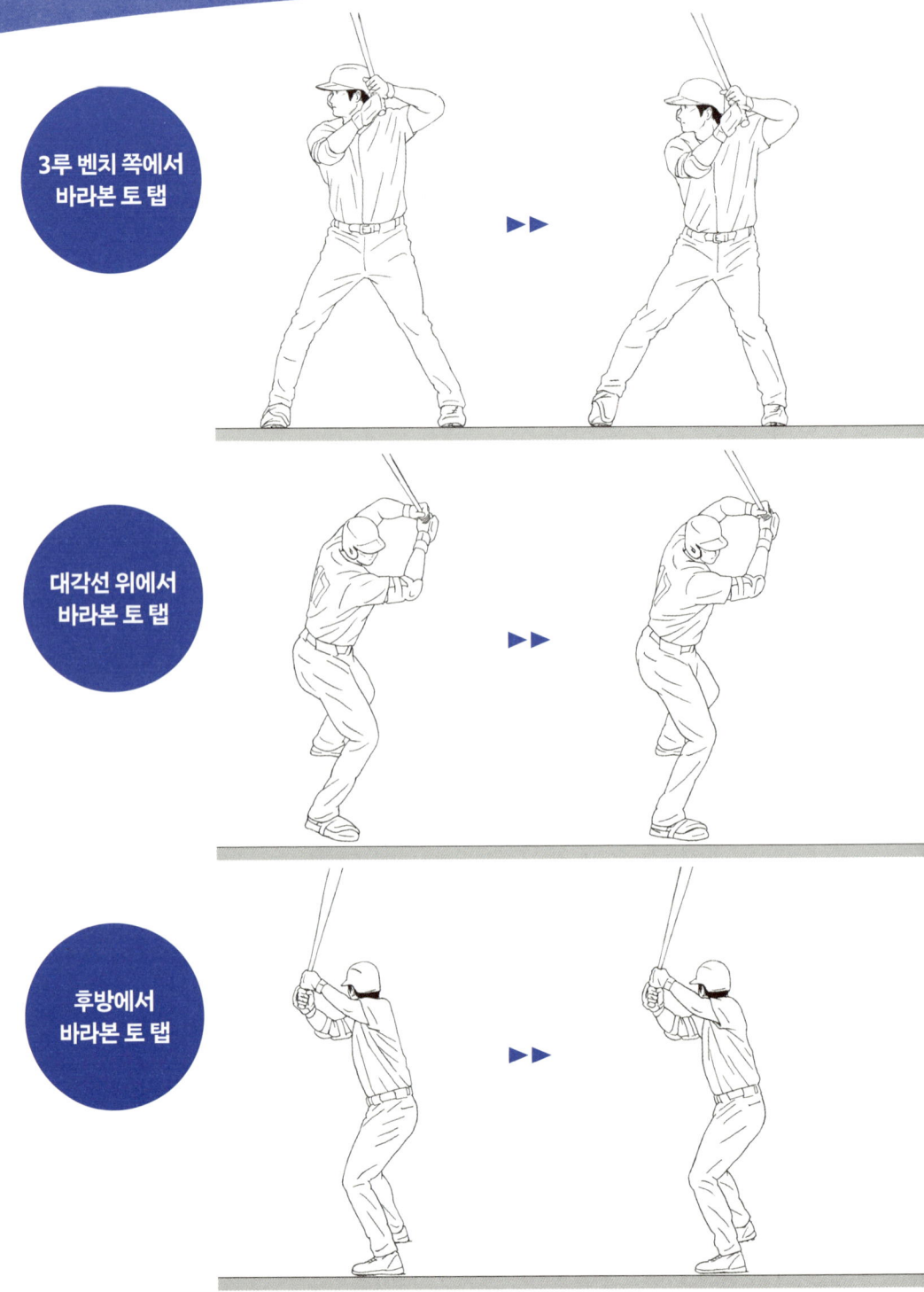

이 항목과 관련된 훈련법의 동영상을 시청할 수 있다.

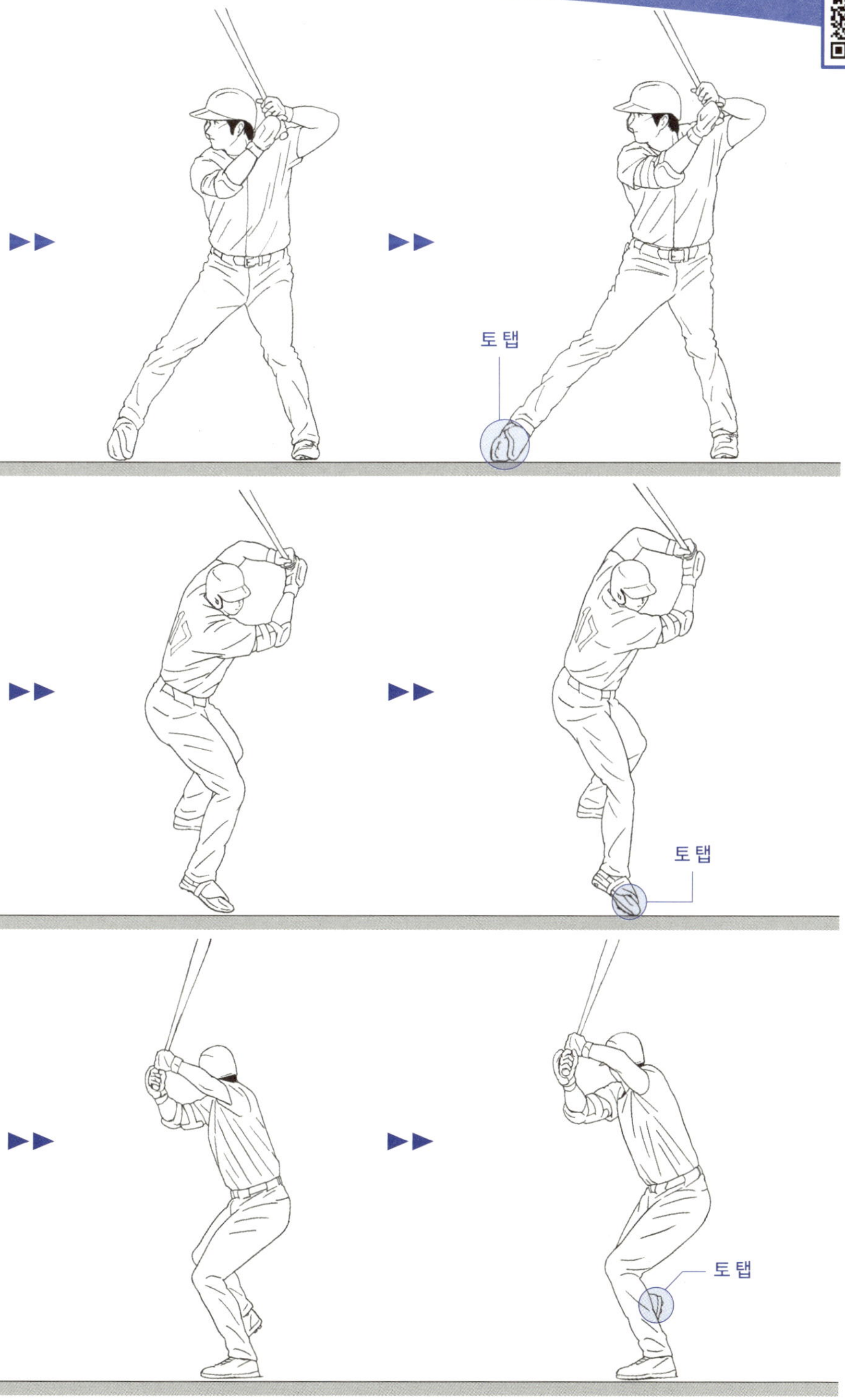

토 탭

토 탭

토 탭

45

포인트 ❼
힙 퍼스트 & 체중 이동

이 항목과 관련된 훈련법의
동영상을 시청할 수 있다.

힙 퍼스트는 토 탭에서 함께 이어지는 움직임이다. 투수가 다리를 들고 글러브에서 손을 빼냈을 때 축발에 체중을 실으면서 스텝을 밟는 것까지는 포인트 ❻의 동작과 같다. 포인트는 그다음 동작이다. 고관절을 안쪽으로 비틀어서 발바닥을 투수에게 향할 때 엉덩이가 투수 쪽을 향하는 동작인데, 이것이 힙 퍼스트다.

힙 퍼스트에서는 다음 네 가지 움직임이 동시에 이루어진다.

❶ 내딛는 발의 스파이크 바닥을 투수에게 향한다
❷ 오른쪽 엉덩이를 투수에게 향한다
❸ 축발에서 내딛는 발로 체중을 이동시킨다
❹ 양손을 약간 등 뒤쪽 후방으로 뺀다

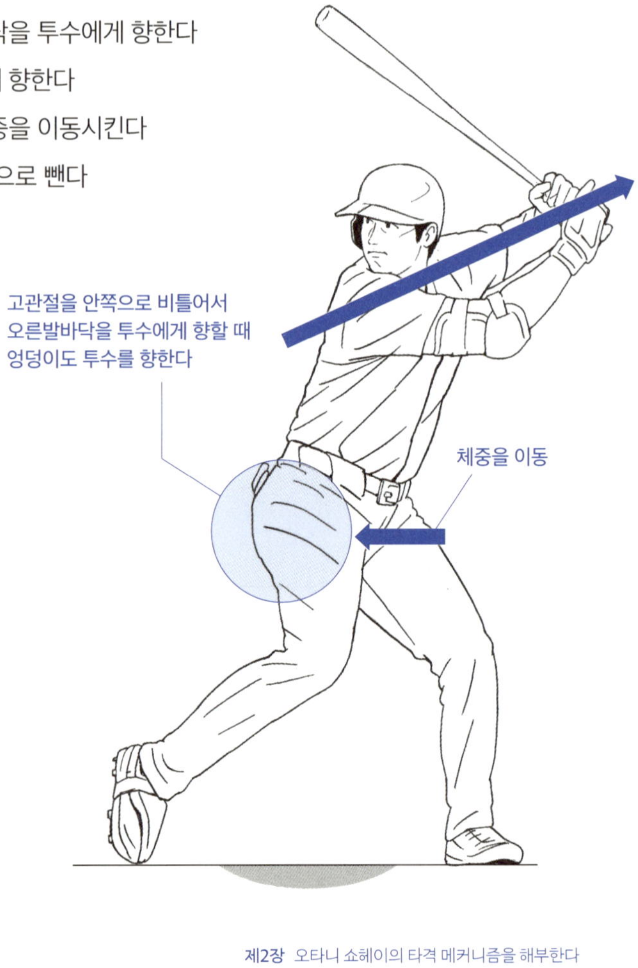

고관절을 안쪽으로 비틀어서
오른발바닥을 투수에게 향할 때
엉덩이도 투수를 향한다

체중을 이동

46 제2장 오타니 쇼헤이의 타격 메커니즘을 해부한다

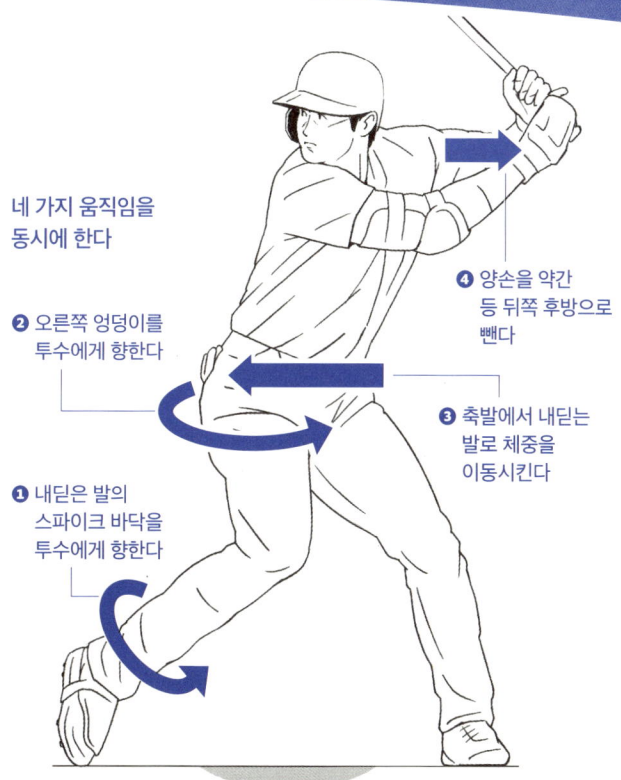

네 가지 움직임을 동시에 한다

❶ 내딛은 발의 스파이크 바닥을 투수에게 향한다

❷ 오른쪽 엉덩이를 투수에게 향한다

❸ 축발에서 내딛는 발로 체중을 이동시킨다

❹ 양손을 약간 등 뒤쪽 후방으로 뺀다

이 일련의 움직임을 통해 몸이 열리는 것을 억제하는 동시에 허리를 확실히 돌릴 수 있다. 배트를 공에 맞히기까지의 거리를 '스윙 렝스'라고 한다. 오타니 선수의 스윙 렝스는 약 241센티미터로 MLB(메이저리그 베이스볼) 평균인 약 223센티미터를 크게 웃돈다. 이 길이의 비밀은 토 탭에서 힙 퍼스트에 걸친 꼬임(자세한 내용은 16페이지 참조)의 크기에 있다.

이 꼬임의 크기가 타구의 비거리를 만들어내고 있다

47

이 항목과 관련된 훈련법의 동영상을 시청할 수 있다.

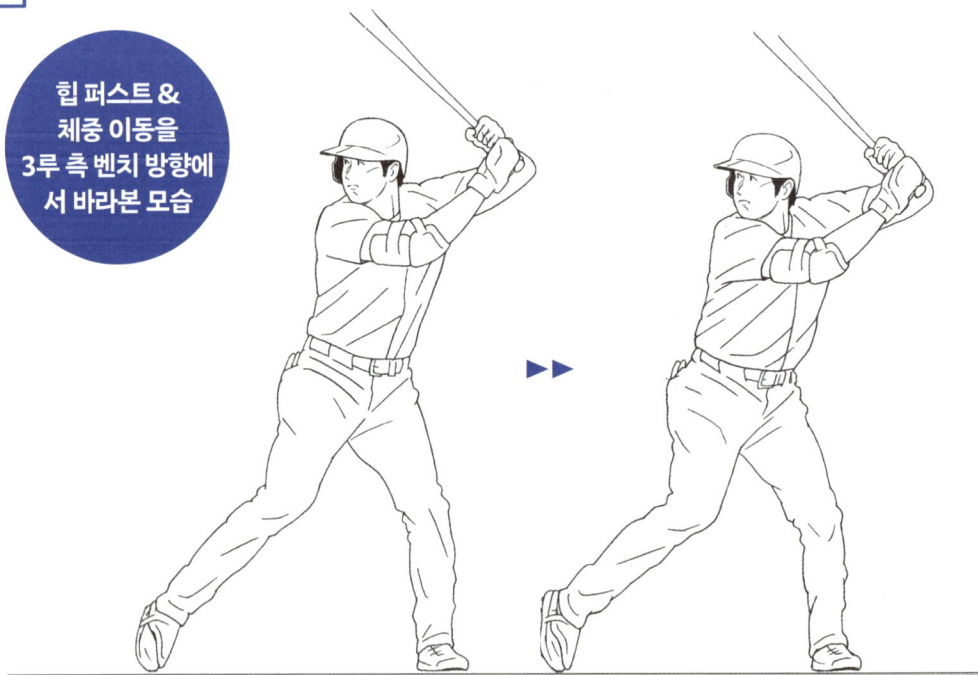

힙 퍼스트 & 체중 이동을 3루 측 벤치 방향에서 바라본 모습

힙 퍼스트 & 체중 이동을 대각선 위에서 바라본 모습

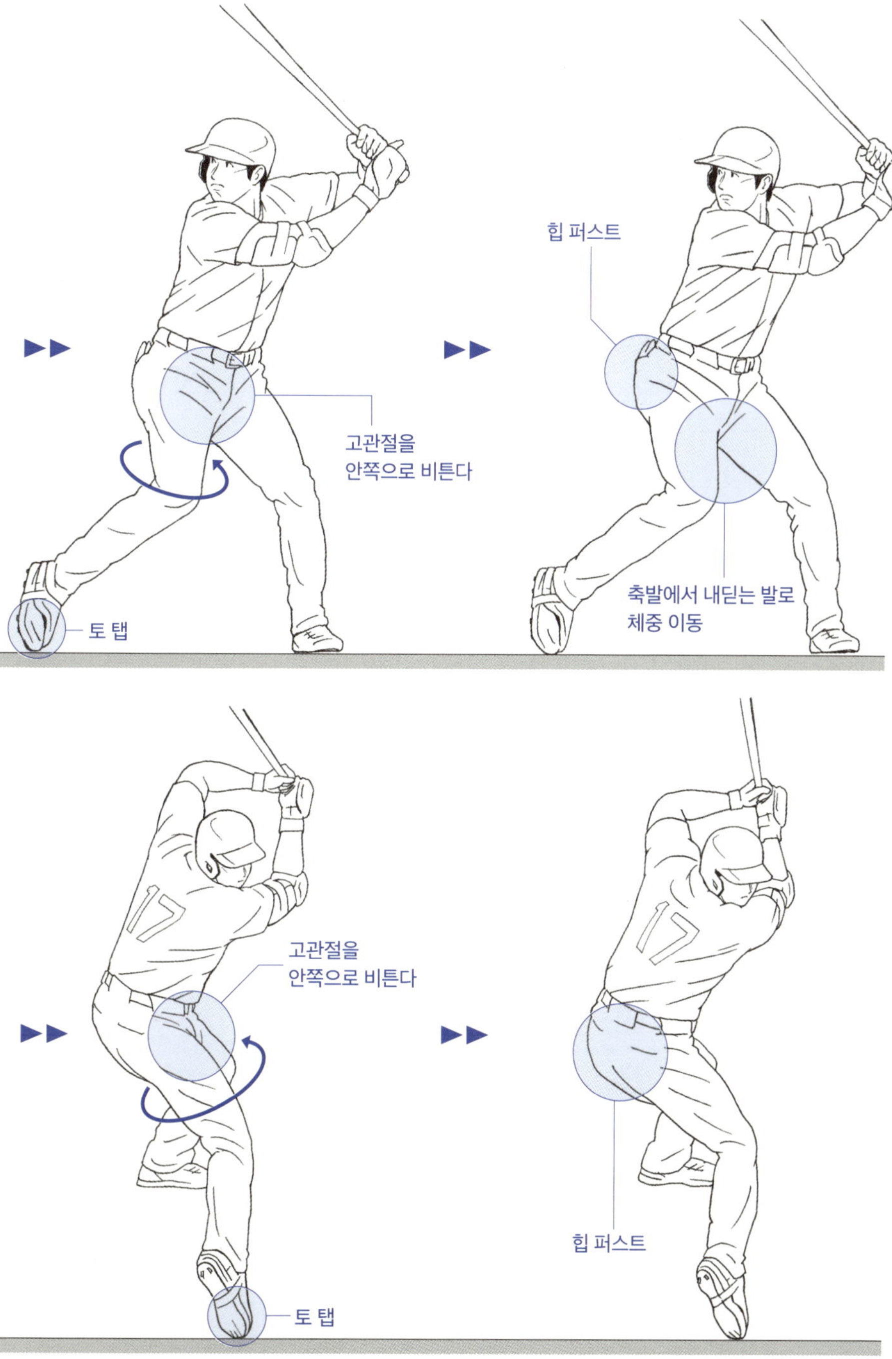

이 항목과 관련된 훈련법의 동영상을 시청할 수 있다.

▶▶ 고관절을 안쪽으로 비튼다 / 토 탭

▶▶ 힙 퍼스트 / 축발에서 내딛는 발로 체중 이동

▶▶ 고관절을 안쪽으로 비튼다 / 토 탭

▶▶ 힙 퍼스트

포인트 ❽
드롭 힐 & 엘보 인

포인트 ❼의 힙 퍼스트를 통해 안쪽으로 비틀었던 고관절을 이번에는 바깥쪽으로 비틀면서, 앞으로 내딛는 오른발의 발꿈치가 지면에 닿은 순간 스윙을 시작한다. 이 발꿈치를 지면에 대는 동작이 드롭 힐이다. 드롭 힐로 지면을 강하게 누르면 그 반작용으로 강한 지면 반력을 얻을 수 있다.

그리고 스윙을 시작하기 위해 양 팔꿈치를 수직으로 내린다. 이것이 엘보 인이다. 좌우 팔꿈치를 전방이 아니라 수직(배꼽 쪽)으로 내림으로써 수직 회전이 가능해지는 것이다.

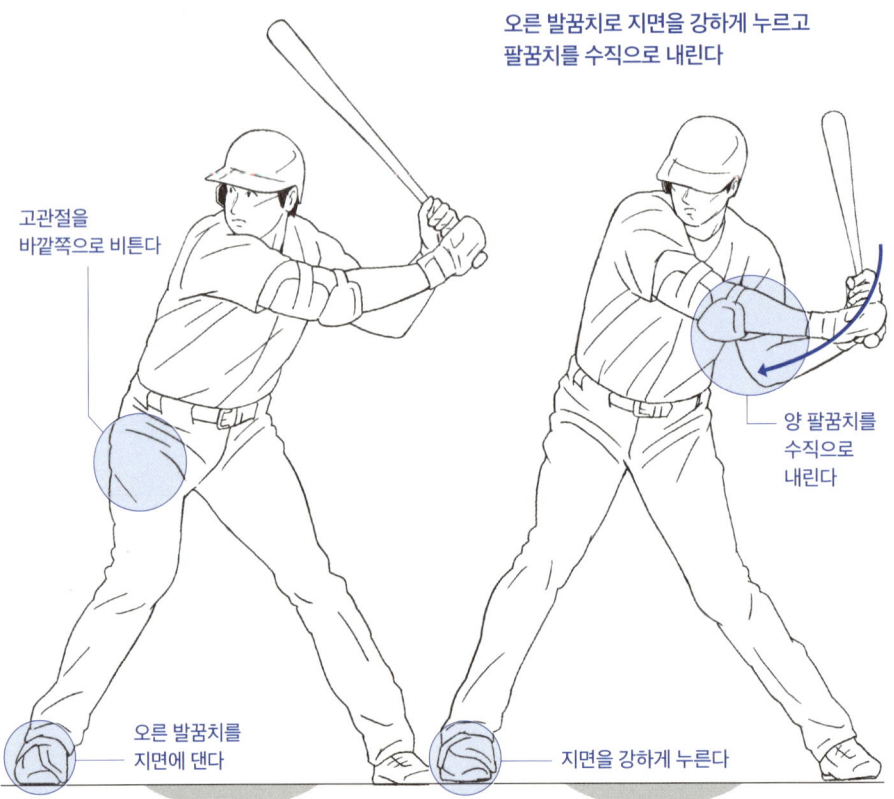

스윙을 시작하면 드롭 힐로 얻은 지면 반력을 통해 먼저 골반 오른쪽이 후방으로 밀리고, 그 결과 골반 왼쪽이 전방으로 밀려서 폭발적인 몸의 회전이 가능해진다.
이 일련의 동작에서는 다음의 세 가지 움직임이 동시에 이루어진다.

❶ 내딛는 발의 발꿈치를 기세 좋게 떨어트린다(이때 발끝은 아직 3루측 벤치 방향을 향하고 있다)
❷ 왼쪽 팔꿈치를 배꼽을 향해 내린다
❸ 배트의 각도를 등뼈에 대해 90도로 만든다

❸에 관해서는 북 장난감(땡땡이)의 움직임을 떠올리면 이해하기 쉬울 것이다. 땡땡이를 기세 좋게 회전시키면 줄에 매달린 구슬이 90도 각도까지 올라가며, 그보다 높이 올라가지는 않는다. 즉, 회전 계통의 동작에서는 팔이나 배트가 항상 축에 대해 90도 각도가 되는 것이 이상적이다.

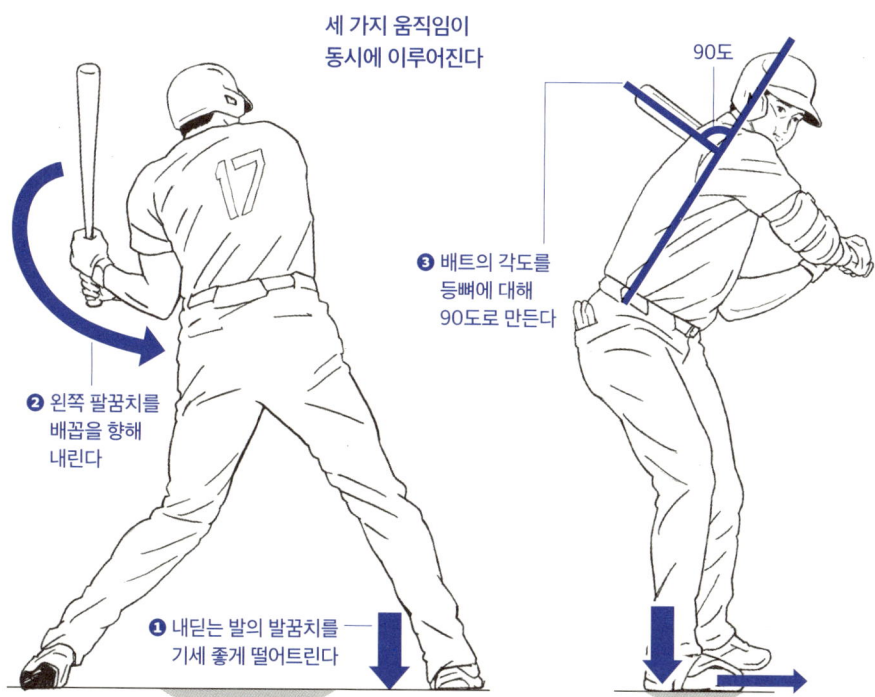

세 가지 움직임이 동시에 이루어진다

❸ 배트의 각도를 등뼈에 대해 90도로 만든다

❷ 왼쪽 팔꿈치를 배꼽을 향해 내린다

❶ 내딛는 발의 발꿈치를 기세 좋게 떨어트린다

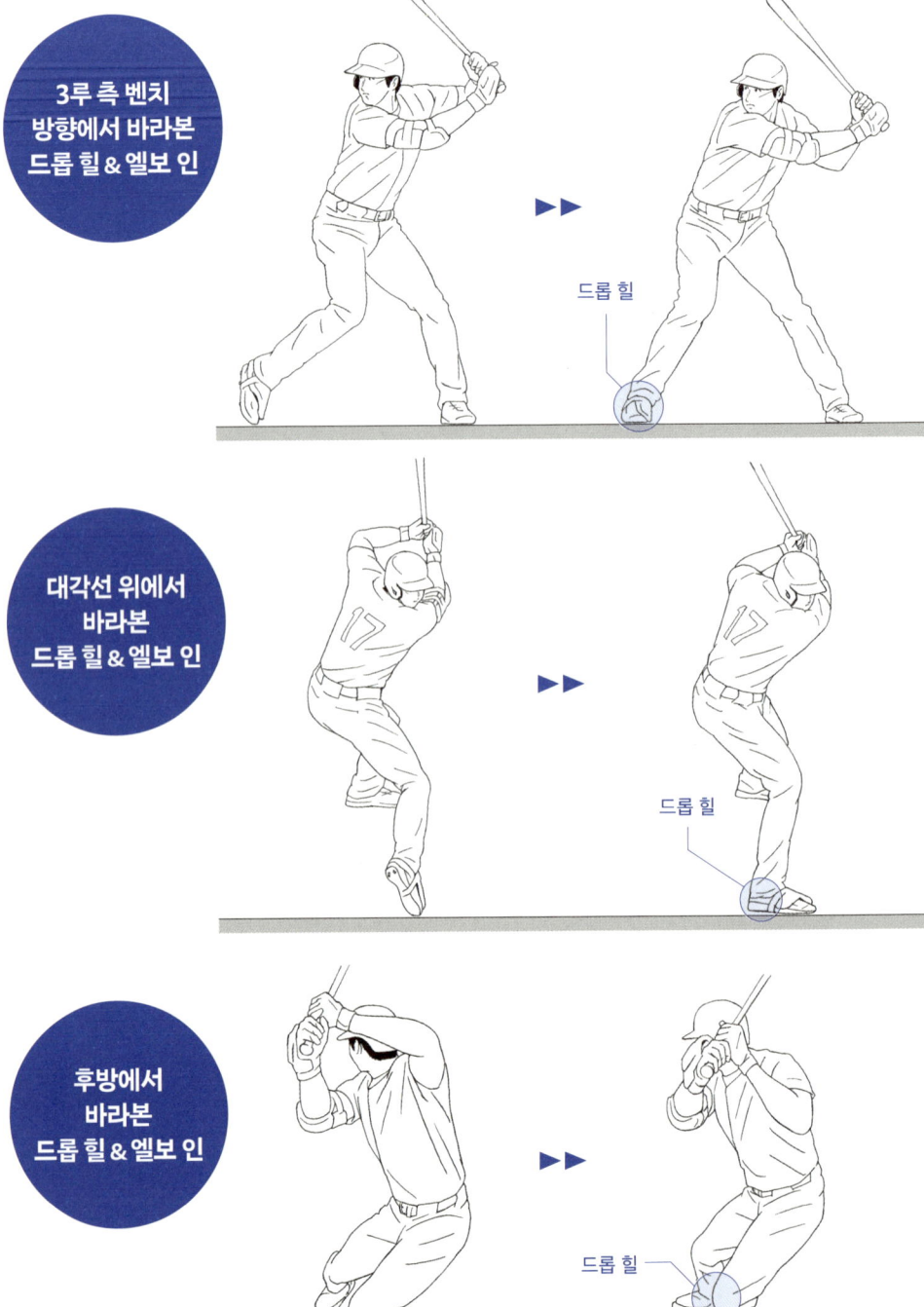

▶▶ 엘보 인  ▶▶ 수직 회전의 스윙

▶▶ 엘보 인  ▶▶ 수직 회전의 스윙

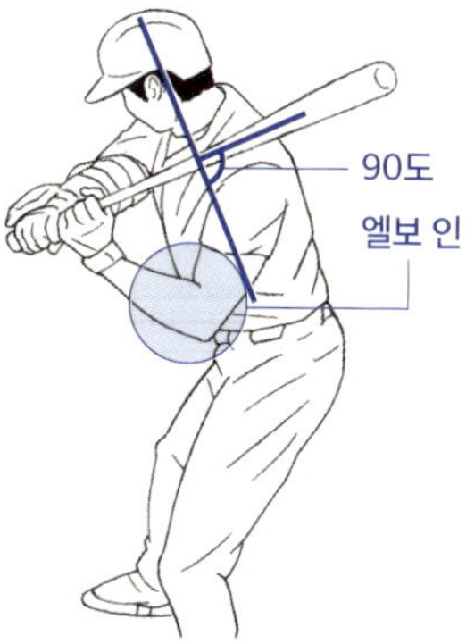

▶▶ 90도 엘보 인 ▶▶ 수직 회전의 스윙

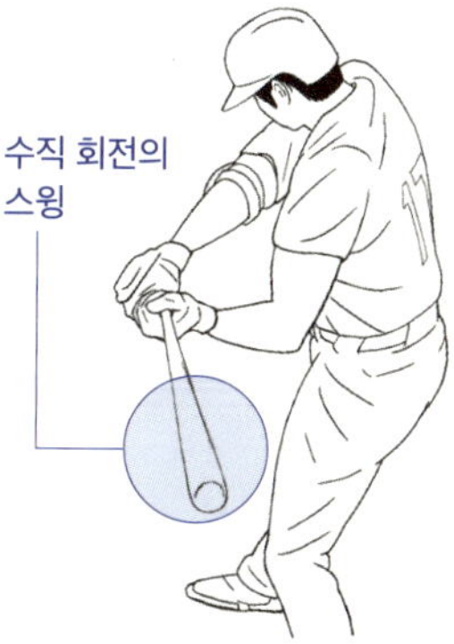

포인트 ❾
플라잉 엘보 2

이 항목과 관련된 훈련법의 동영상을 시청할 수 있다.

배트를 쥐었을 때 아래가 되는 손, 즉 보텀 핸드(오타니 선수의 경우는 오른손)의 플라잉 엘보다. 이때, 왼쪽 어깨를 내려서 엘보 인(자세한 내용은 50페이지 참조)을 하면서 오른쪽 어깨와 팔꿈치를 올려 겨드랑이를 연다(아래 일러스트 참조). 이 동작은 꽉 찬 인코스로 날아오는 공에 대응하기 위한 것으로 생각된다.

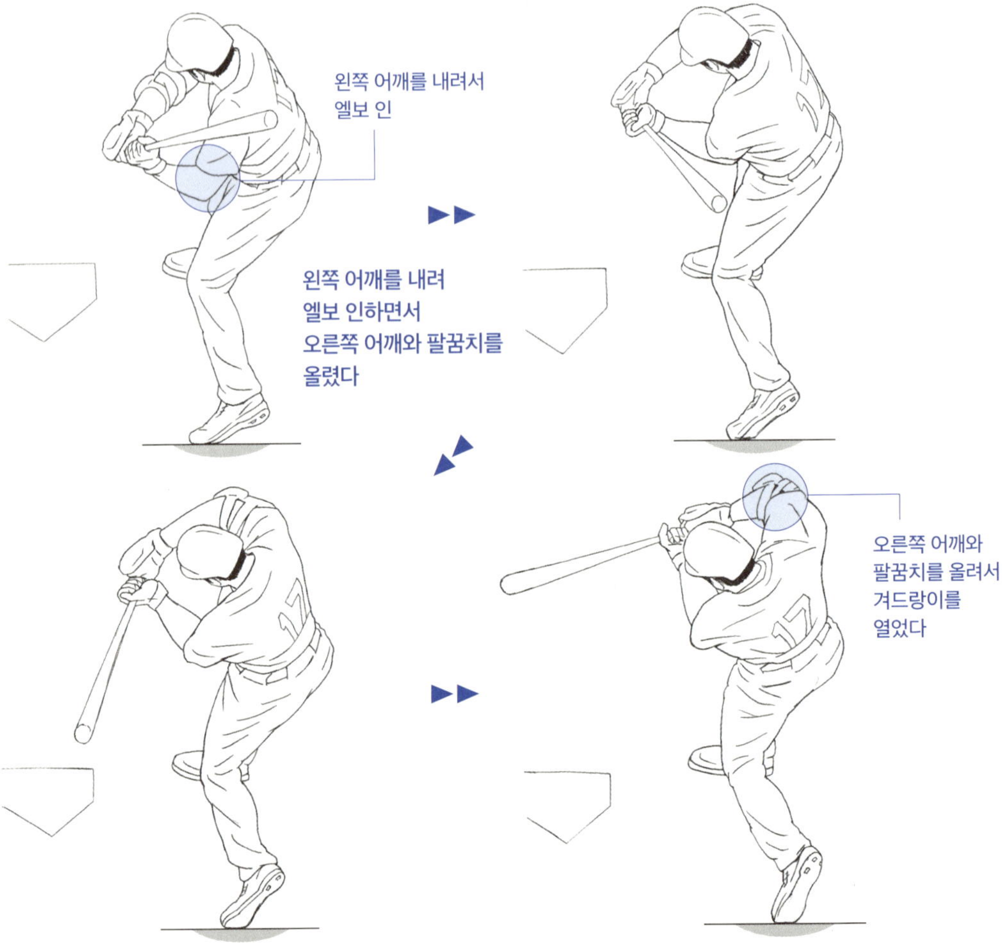

왼쪽 어깨를 내려서 엘보 인

왼쪽 어깨를 내려 엘보 인하면서 오른쪽 어깨와 팔꿈치를 올렸다

오른쪽 어깨와 팔꿈치를 올려서 겨드랑이를 열었다

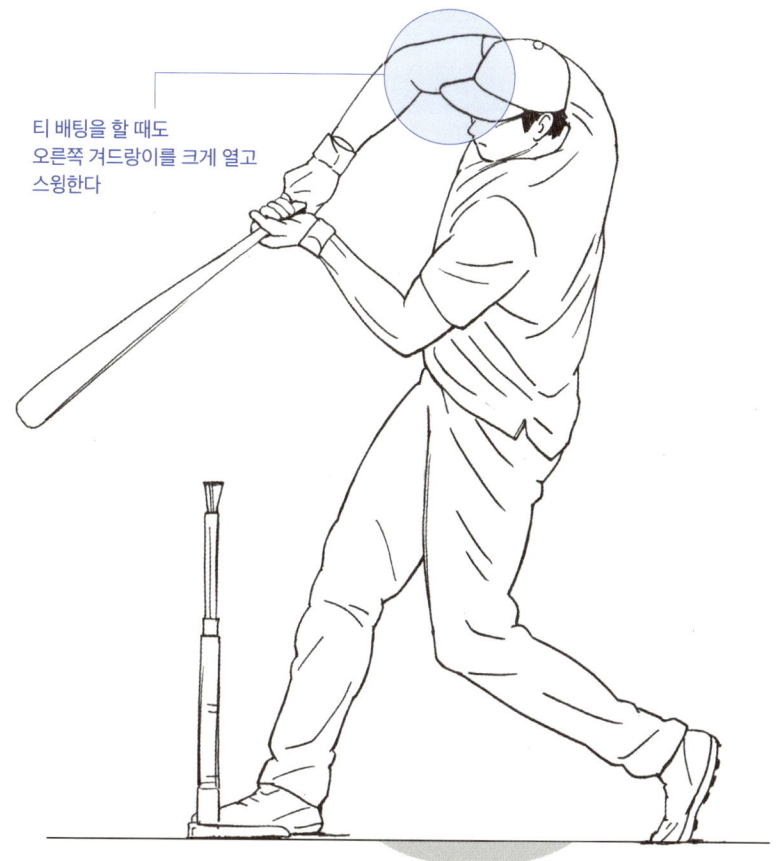

티 배팅을 할 때도
오른쪽 겨드랑이를 크게 열고
스윙한다

오른쪽 겨드랑이를 열지 않은 상태로 꽉 찬 인코스의 공을 치면 배트 헤드가 너무 일찍 돌아서 파울볼이 되거나 배트가 부러져 버린다. 그래서 오타니 선수는 티 배팅을 할 때도 오른쪽 겨드랑이를 크게 열며 스윙한다.

56~57페이지의 두 연속 일러스트는 전부 약간 인코스로 날아온 공을 우월 홈런으로 만들었을 때의 타격 자세다. 파이터스 시절의 타격 자세를 보면 오른쪽 팔꿈치가 겨드랑이에 붙어 있다. 그리고 배트 헤드와 왼쪽 손목 모두 일찍 돌아서 스윙 폭이 작아졌다. 그에 비해 현재의 타격 자세를 보면 오른쪽 겨드랑이를 연 까닭에 왼쪽 손목이 한참 동안 돌지 않아 스윙 폭이 명백히 커졌다.

파이터스에서 뛰었던 5년 동안 오타니 선수가 친 홈런의 수가 48개였던 데 비해, 현재는 한 해에 그 이상의 홈런을 치고 있다. 이것만 봐도 플라잉 엘보 2가 효과적임을 알 수 있다.

파이터스 시절의 플라이 엘보 2가 없는 타격 자세

메이저리그 이적 후의 플라잉 엘보 2가 있는 타격 자세

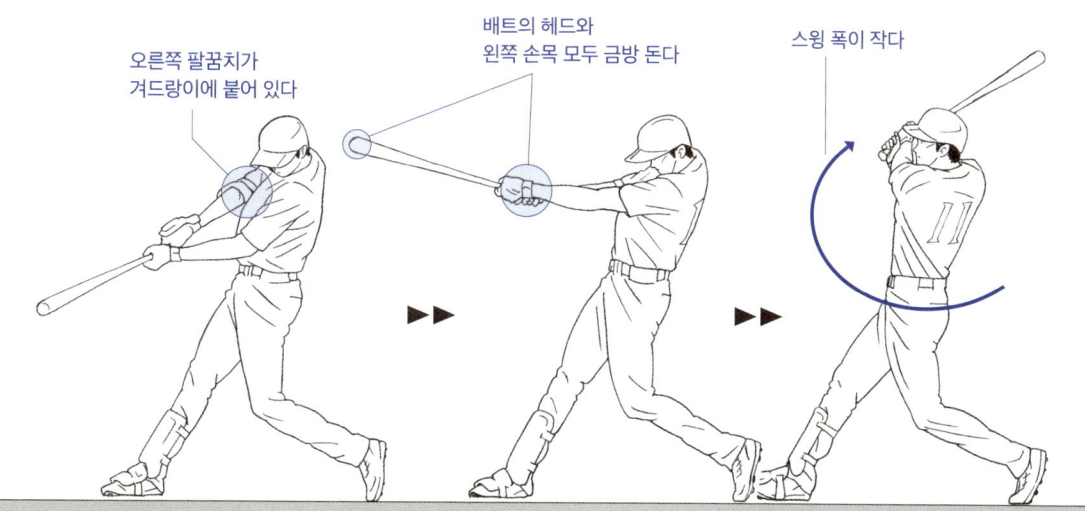

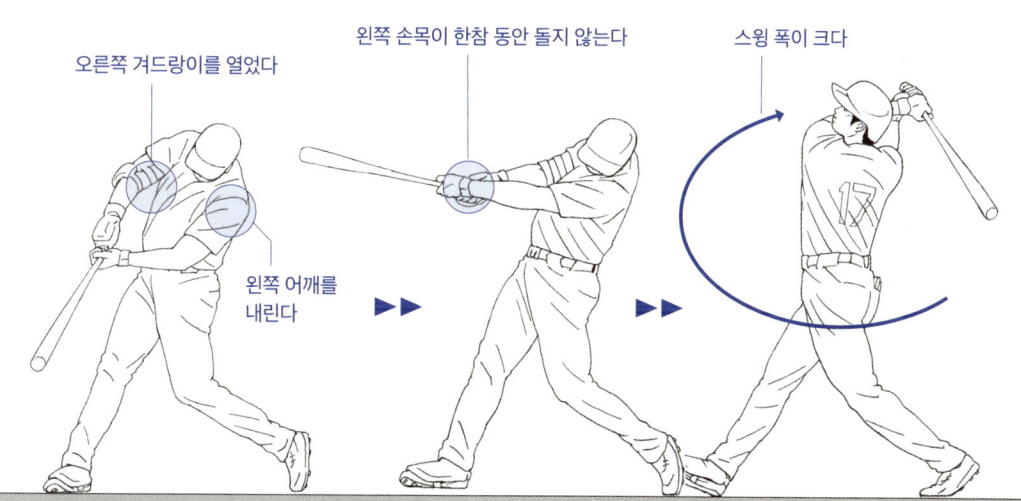

포인트 ⑩
비하인드 볼

비하인드 볼은 뒤에서 공을 보는 것이다. 못을 박을 때, 그것이 높은 위치든 낮은 위치든 뒤에서 보면서 망치질해야 더 정확히 박을 수 있다. 번트를 댈 때도 공과 배트와 눈의 위치가 수평에 가까울수록 성공 확률이 높아진다.

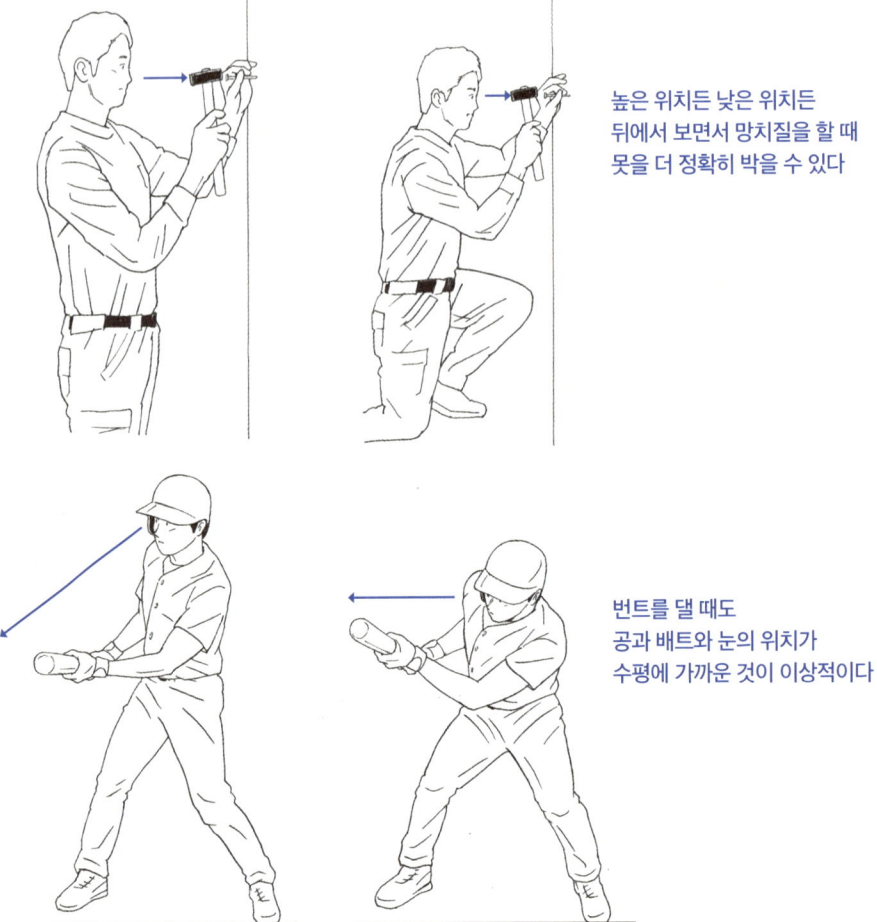

높은 위치든 낮은 위치든 뒤에서 보면서 망치질을 할 때 못을 더 정확히 박을 수 있다

번트를 댈 때도 공과 배트와 눈의 위치가 수평에 가까운 것이 이상적이다

공을 위에서 보면
배트에 정확히
맞힐 수 없다

위에서

시속 140킬로미터의 공이 투수의 손을 떠나서 포수의 미트에 도달하기까지 걸리는 시간은 0.4초다. 타자는 그 공이 투수의 손을 떠난 지 0.2초 만에 구종과 코스를 판단해서 스윙해야 한다. 0.2초 후의 공의 위치는 투구의 초속이 있기 때문에 투수와 포수의 중간보다 약간 투수 쪽에 가깝다.

그 위치의 공을 보고 구종과 코스를 판단해 미세 조정을 하는 것이다. 그러려면 뒤에서 공을 보는 것이 유리하다.

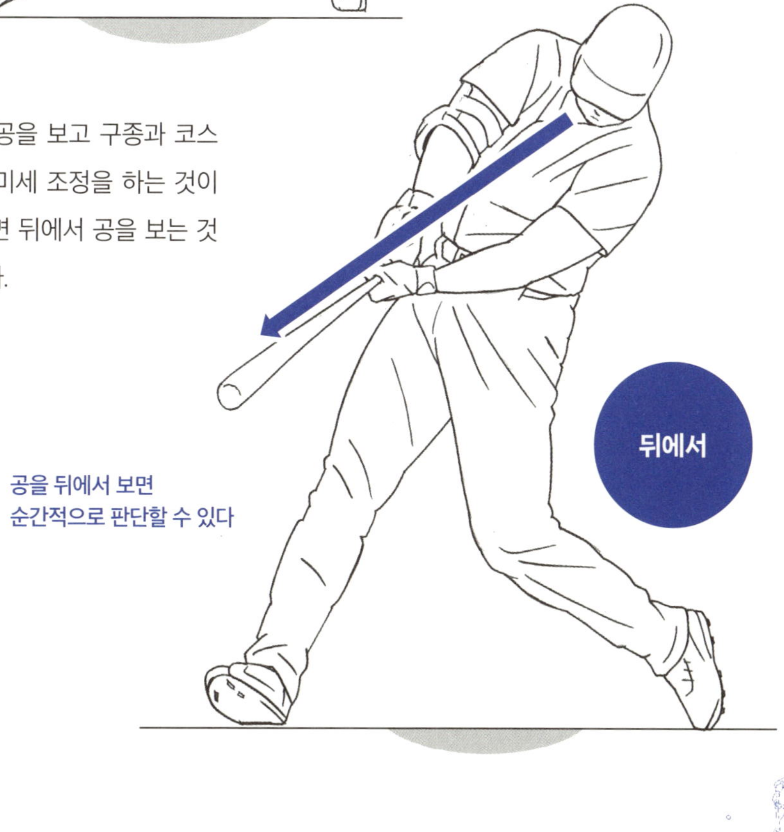

공을 뒤에서 보면
순간적으로 판단할 수 있다

뒤에서

포인트 ⓫
넥 리플렉스

인간의 몸은 자세나 평형을 유지하기 위해 목의 위치에 따라서 힘이 잘 나오는 부위가 생기도록 만들어져 있다. 이를 넥 리플렉스(목 반사)라고 한다. 가령 목을 오른쪽으로 기울이면 몸을 오른쪽으로 기울이기 쉬워진다. 또 턱을 당기면 팔꿈치를 굽히기 쉬워지며, 턱을 들면 팔꿈치를 뻗기 쉬워진다.

아래 일러스트를 보면 파이터스 시절과 현재의 목 위치가 크게 다르다는 걸 알 수 있다. 모든 타석에서 그러는 것은 아니지만, 현재의 오타니 선수는 왼쪽 팔꿈치가 몸에 붙은 상태에서 목의 위치가 바뀌어 간다는 걸 알 수 있다. 턱을 당기고, 목을 왼쪽으로 기울이고, 목을 왼쪽으로 돌리는 세 가지 움직임이 복합적으로 실행되는 것이다.

이러한 넥 리플렉스를 통해 왼쪽 대둔근(엉덩이 근육)과 햄스트링(넓적다리 뒤쪽의 근육)에 힘이 더 들어가, 왼발을 뒤로 미는 힘이 커진다. 이와 동시에 견갑골을 앞으로 내미는 힘과 왼손을 뻗는 힘도 커지기 때문에 더욱 강력한 스윙이 가능해진다.

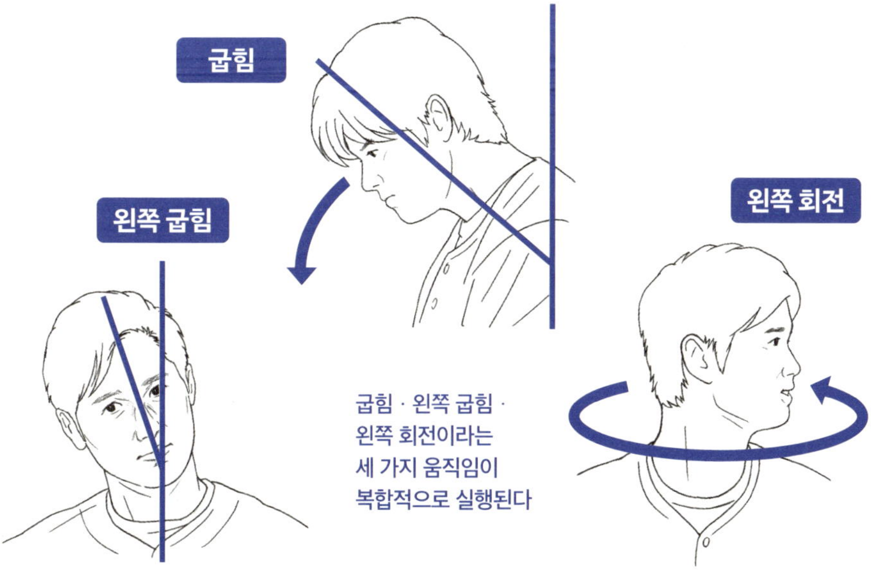

굽힘

왼쪽 굽힘

왼쪽 회전

굽힘 · 왼쪽 굽힘 · 왼쪽 회전이라는 세 가지 움직임이 복합적으로 실행된다

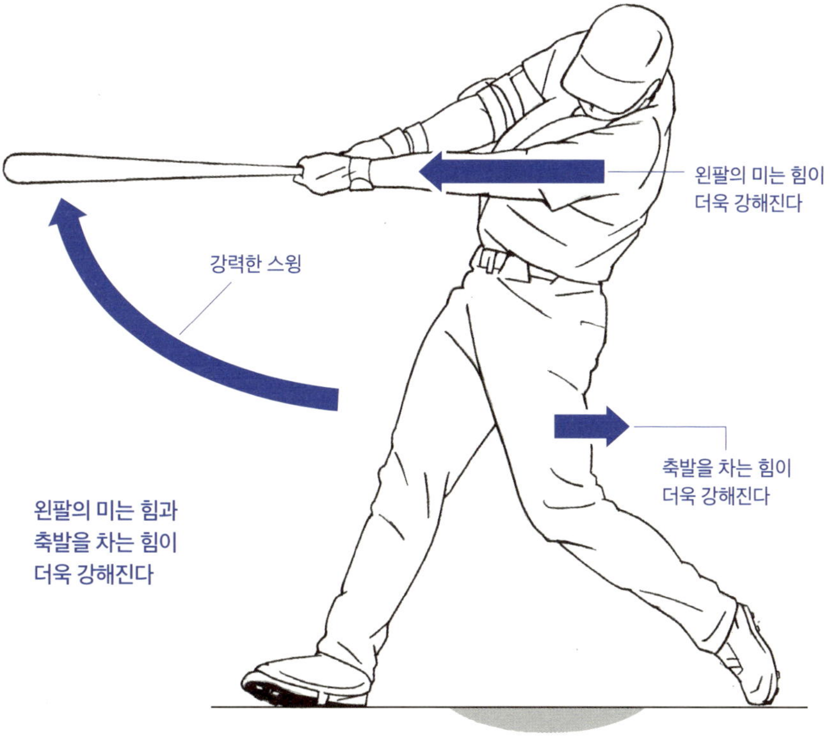

왼팔의 미는 힘이 더욱 강해진다

강력한 스윙

축발을 차는 힘이 더욱 강해진다

왼팔의 미는 힘과 축발을 차는 힘이 더욱 강해진다

61

포인트 ⑫
호흡법

이 항목과 관련된 훈련법의 동영상을 시청할 수 있다.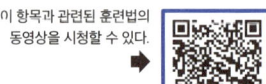

오타니 선수는 배트에 공을 맞히기 직전부터 피니시까지의 사이에 독특한 호흡법을 실행한다. 입을 오므려서 푸 하고 숨을 내뱉는 것으로, 나는 이것을 '입푸'라고 부른다.

입푸의 메커니즘은 웨이트 트레이닝에서 무거운 바벨을 들어 올릴 때 하는 것과 같다. 강하게 숨을 내뱉고 멈춤으로써 복압이 높아지고 무게 중심이 더욱 안정되면서 근력을 최대로 발휘할 수 있게 되는 것이다.

스윙 전반부는 중력을 이용한 수직 회전이므로 그다지 힘이 필요하지 않다. 그러나 스윙 중반부터 후반에 걸쳐서는 중력을 거스르는 어퍼 스윙을 하기 때문에 더 큰 힘이 필요해진다. 그래서 스윙이 후반으로 이행함에 따라 숨을 강하게 내뱉다 멈추기 때문에 뺨이 크게 부푸는 것이다. 이때 복압이 높아지고 무게 중심이 고정되어서 더욱 큰 힘을 발휘할 수 있다.

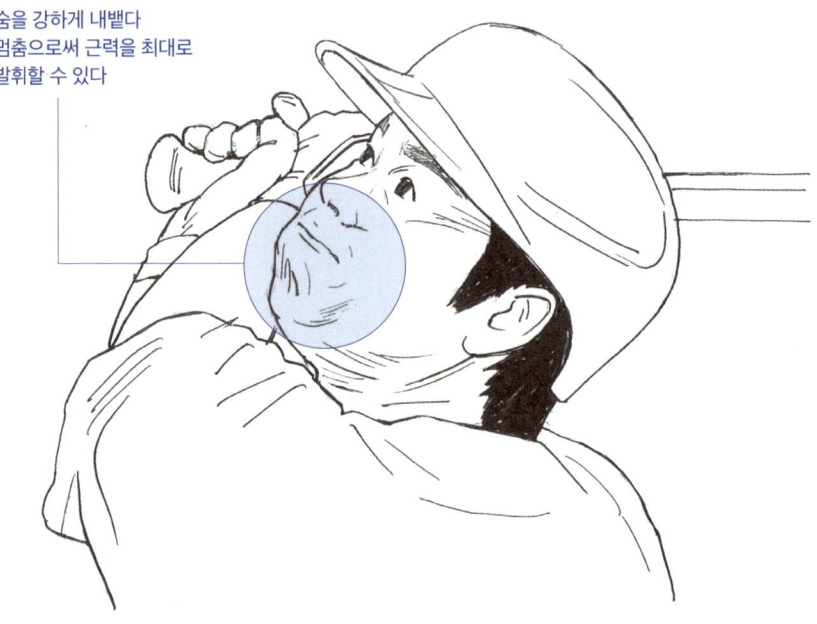

숨을 강하게 내뱉다 멈춤으로써 근력을 최대로 발휘할 수 있다

양손으로 밀 때 큰 힘이 필요

스윙 중반부터 후반에는 중력을 거스르기 때문에 더 큰 힘이 필요해진다

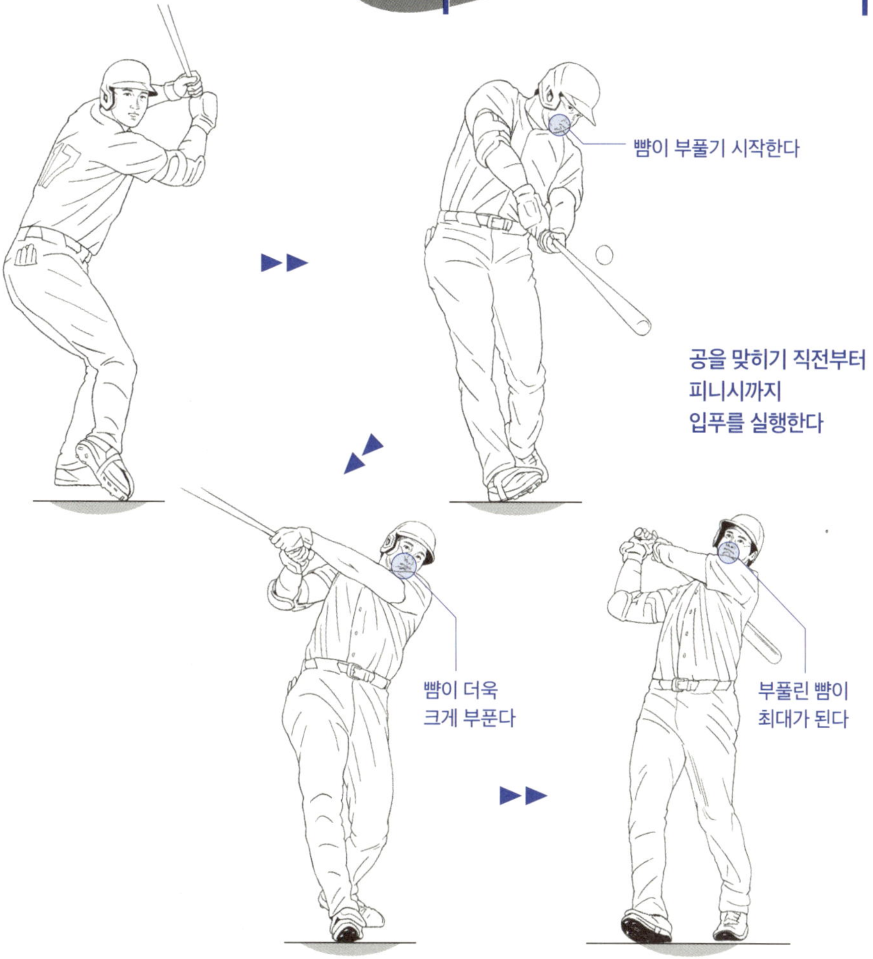

뺨이 부풀기 시작한다

공을 맞히기 직전부터 피니시까지 입푸를 실행한다

뺨이 더욱 크게 부푼다

부풀린 뺨이 최대가 된다

포인트 ⑬
딜리트 프로네이션

딜리트는 제거한다, 프로네이션은 엎침(안쪽으로 돌리는 것)을 뜻한다. 여기에서 말하는 딜리트 프로네이션은 왼쪽 손목이 도는 것을 늦춤으로써 톱 핸드의 미는 힘을 강하게 하는 것을 가리킨다.

파이터스 시절의 오타니 선수는 배트에 공을 맞힌 뒤에 왼손의 손등이 위를 향하는 것이 빨랐으며(엎침), 팔이 등 방향으로 뻗었다. 그러나 메이저리그로 이적한 뒤에는 왼손이 도는 것을 늦춤으로써 팔이 투수 방향으로 뻗게 되었다. 그래서 왼팔의 미는 힘이 더욱 강해져 공에 힘을 더 오래, 더 강하게 줄 수 있게 된 것이다.

딜리트 프로네이션 없이 스윙하면 배트의 궤도가 원을 그린다. 반면에 딜리트 프로네이션이 있는 스윙은 배트의 궤도가 타원을 그리며, 투수 방향으로 약간 직선적인 궤도가 만들어져서 공의 궤도와 배트 궤도가 일치하는 거리가 길어진다. 그래서 타이밍이 조금 늦더라도 좌익수 방향으로, 타이밍이 빠르면 우익수 방향으로, 타이밍이 맞으면 중견수 방향으로 강한 타구를 날릴 수 있다. 그 결과 스윙 폭, 미트 폭이 커져서 그만큼 광각으로 장타를 칠 수 있게 되는 것이다.

홈런이 잘 나오지 않았던 2024년 시즌 초반, 배트 헤드가 조금 일찍 도는 것이 원인임을 깨달은 오타니 선수가 크리켓 배트를 훈련에 사용해 화제가 되었다. 크리켓 배트의 경우, 톱 핸드의 손목을 돌리면 공을 칠 수 없다. 아마도 이 때문에 크리켓 배트를 사용했을 것이다.

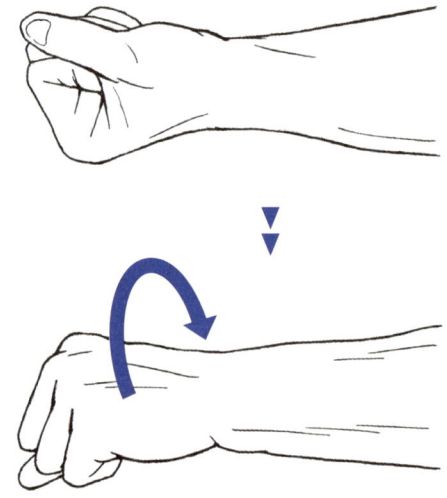

왼팔을 안쪽으로 돌리는 것을
늦춤으로써 미는 힘이 강해졌다

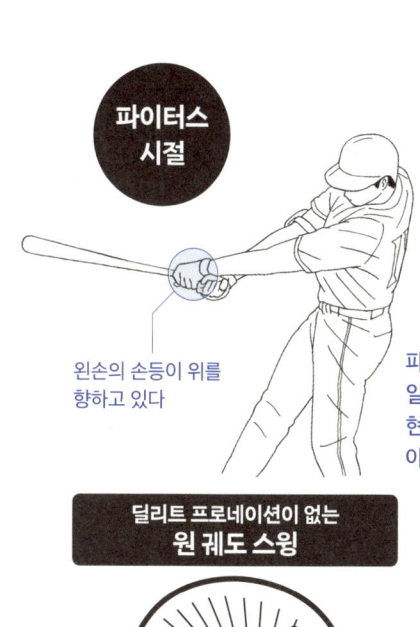

파이터스 시절

왼손의 손등이 위를 향하고 있다

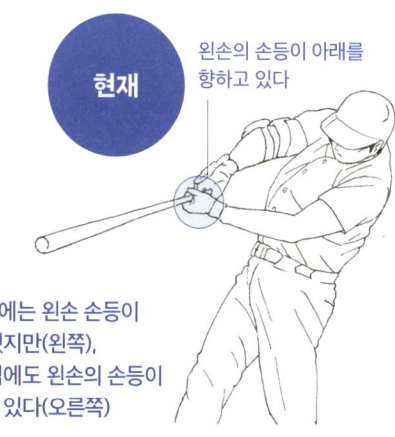

현재

왼손의 손등이 아래를 향하고 있다

파이터스 시절에는 왼손 손등이 일찍 위를 향했지만(왼쪽), 현재는 이 시점에도 왼손의 손등이 아래를 향하고 있다(오른쪽)

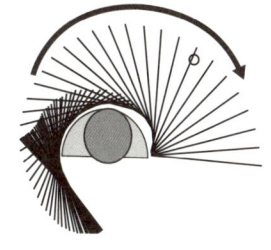

딜리트 프로네이션이 없는
원 궤도 스윙

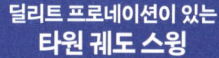
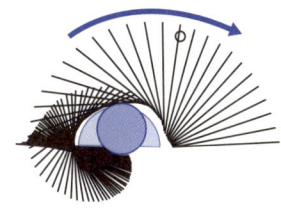

딜리트 프로네이션이 있는
타원 궤도 스윙

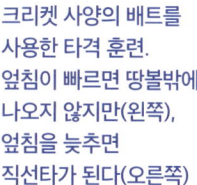
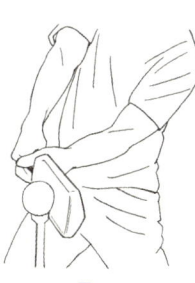

크리켓 사양의 배트를 사용한 타격 훈련. 엎침이 빠르면 땅볼밖에 나오지 않지만(왼쪽), 엎침을 늦추면 직선타가 된다(오른쪽)

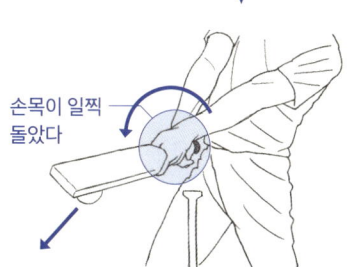

손목이 일찍 돌았다

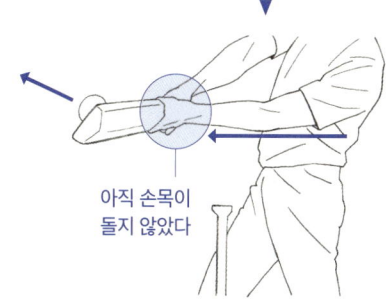

아직 손목이 돌지 않았다

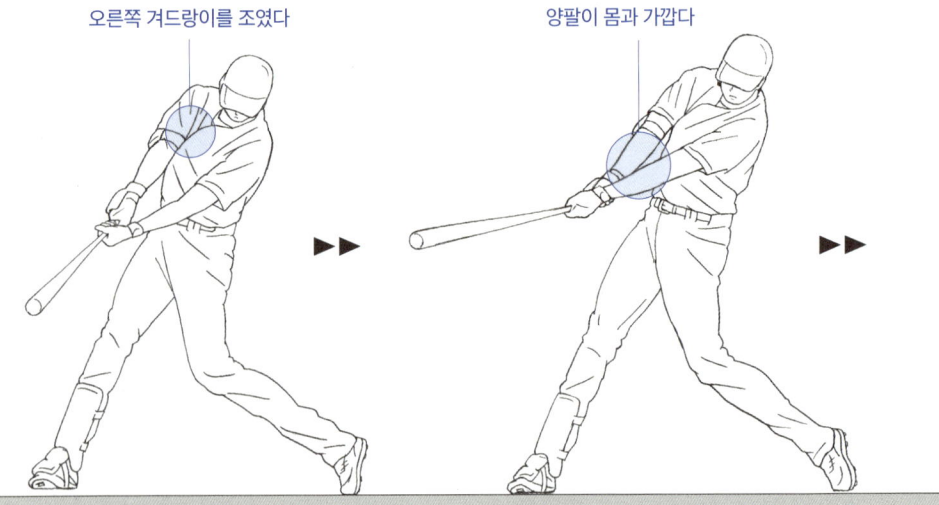

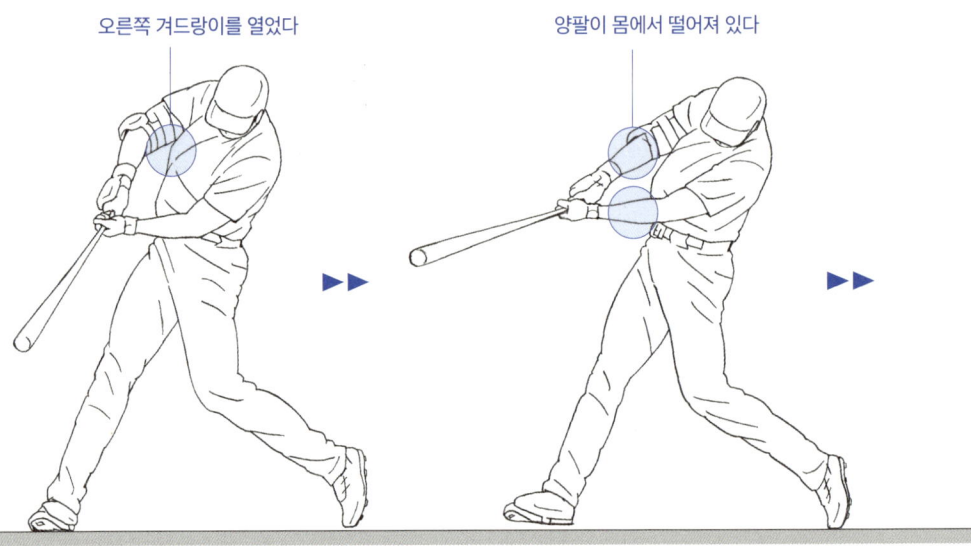

파이터스 시절에는 왼쪽 손목이
일찍 돌았기 때문에 팔로스루가 작았다

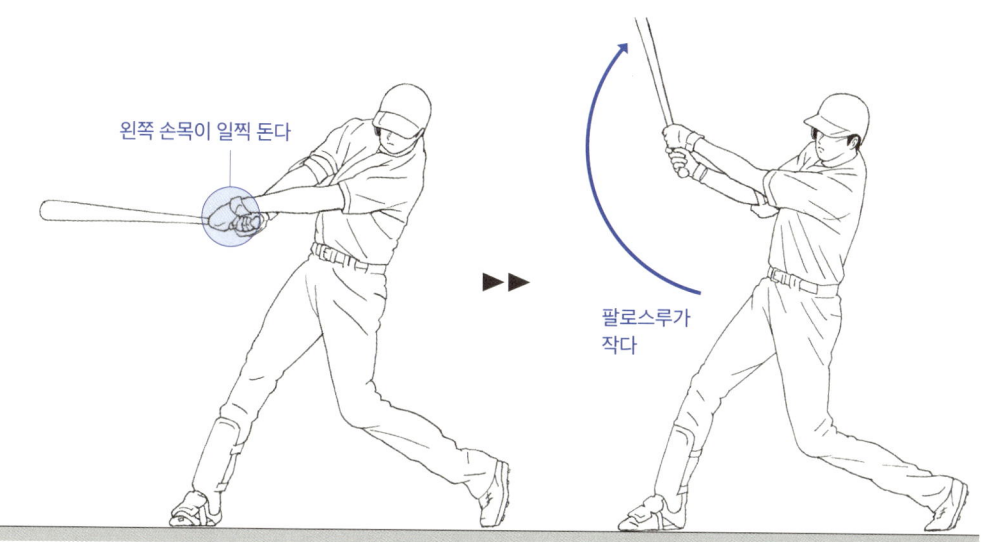

메이저리그 이적 후에는 의식적으로 왼쪽 손목이 돌아가는 것을
늦춤에 따라 왼손의 미는 힘이 강해졌다

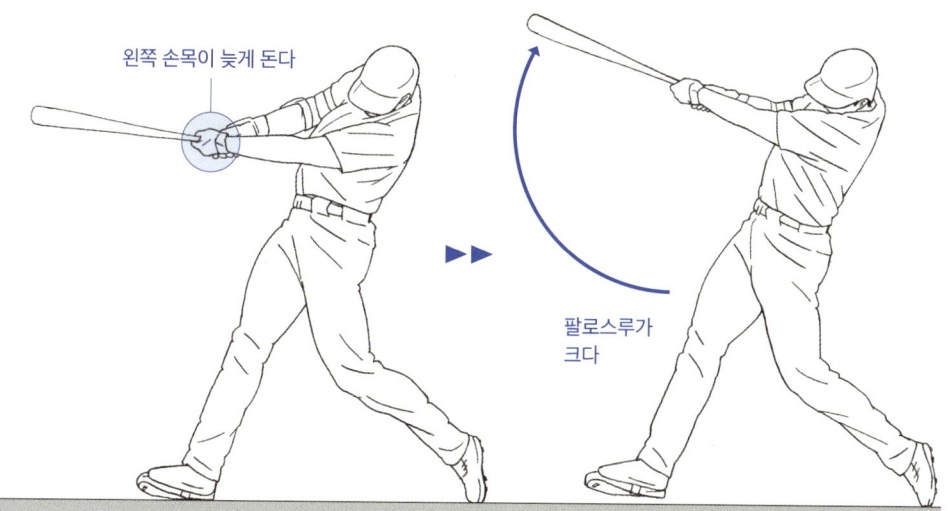

포인트 ⑭
토 레이즈

이 항목과 관련된 훈련법의 동영상을 시청할 수 있다.

드롭 힐 & 엘보 인(50페이지 참조)을 통해 오른발의 발꿈치로 지면을 강하게 누른 뒤, 스윙 후반부부터 오른 발끝을 들고(토 레이즈) 발꿈치로 지면을 누르며 돌린다.

발꿈치에는 센서가 있어서, 이곳이 자극을 받으면 인간의 몸에서 가장 큰 근육인 둔근(엉덩이 근육)에 힘이 잘 들어가기 때문에 더 강하게 지면을 누를 수 있으며 그 결과 공을 멀리까지 날려 보낼 수 있게 된다.

또한 토 레이즈로 스윙하면 스윙의 폭도 커진다.

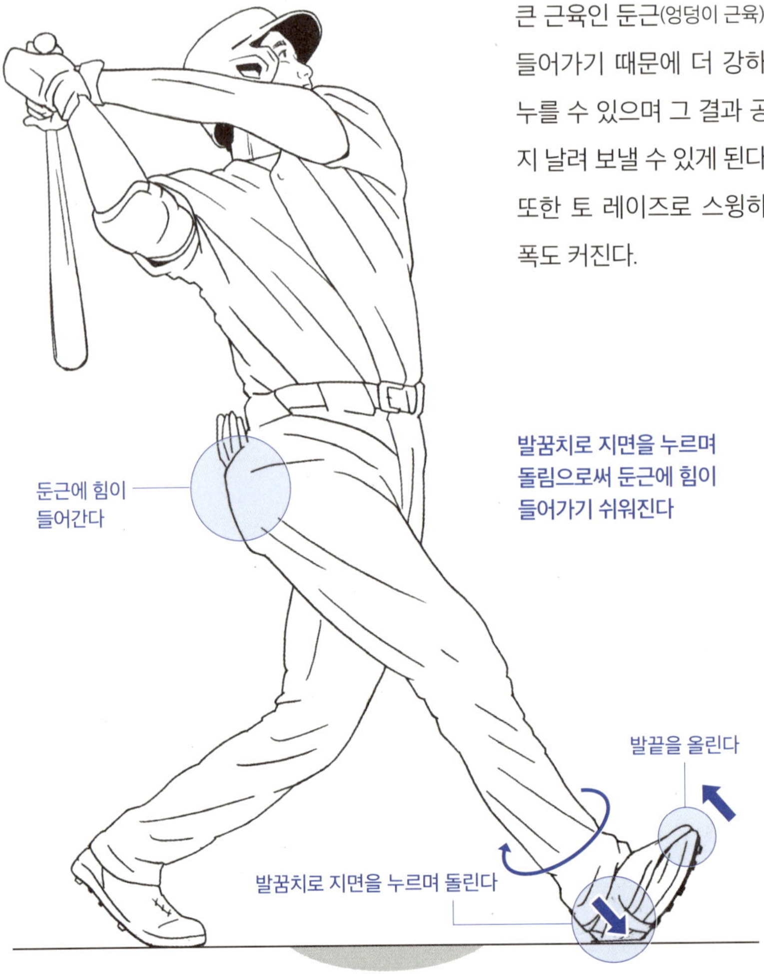

둔근에 힘이 들어간다

발꿈치로 지면을 누르며 돌림으로써 둔근에 힘이 들어가기 쉬워진다

발끝을 올린다

발꿈치로 지면을 누르며 돌린다

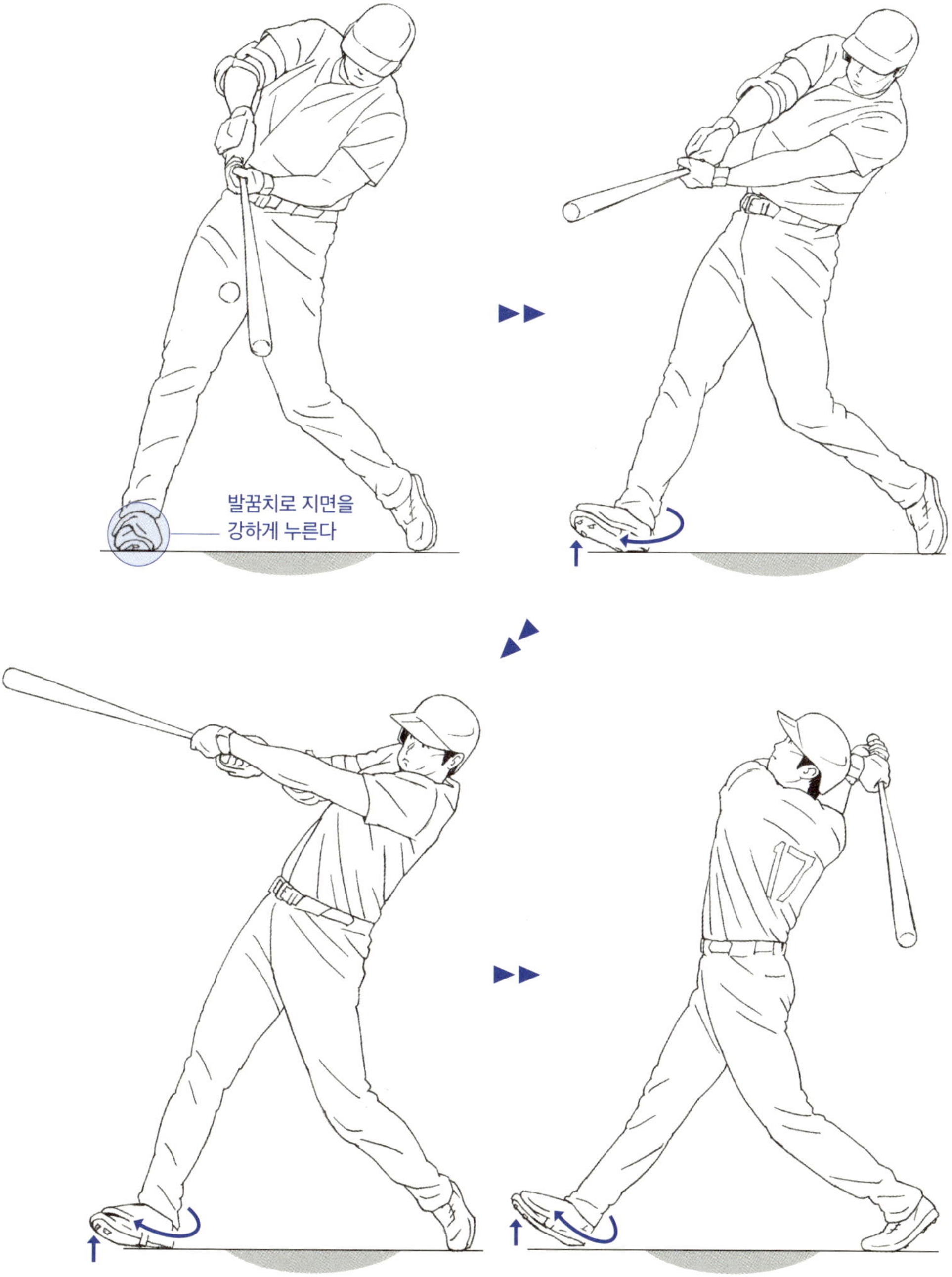

발꿈치로 지면을
강하게 누른다

스윙 후반부부터 오른 발끝을 올리고 발꿈치로 지면을 강하게 누른다

포인트 ⑮
하이 피니시

이 항목과 관련된 훈련법의 동영상을 시청할 수 있다. ➡

오타니 선수의 타격 메커니즘의 마지막 포인트는 스윙을 마무리하는 방식이다. 마치 골프의 드라이버 샷처럼 휘둘러 올리는 것이다.

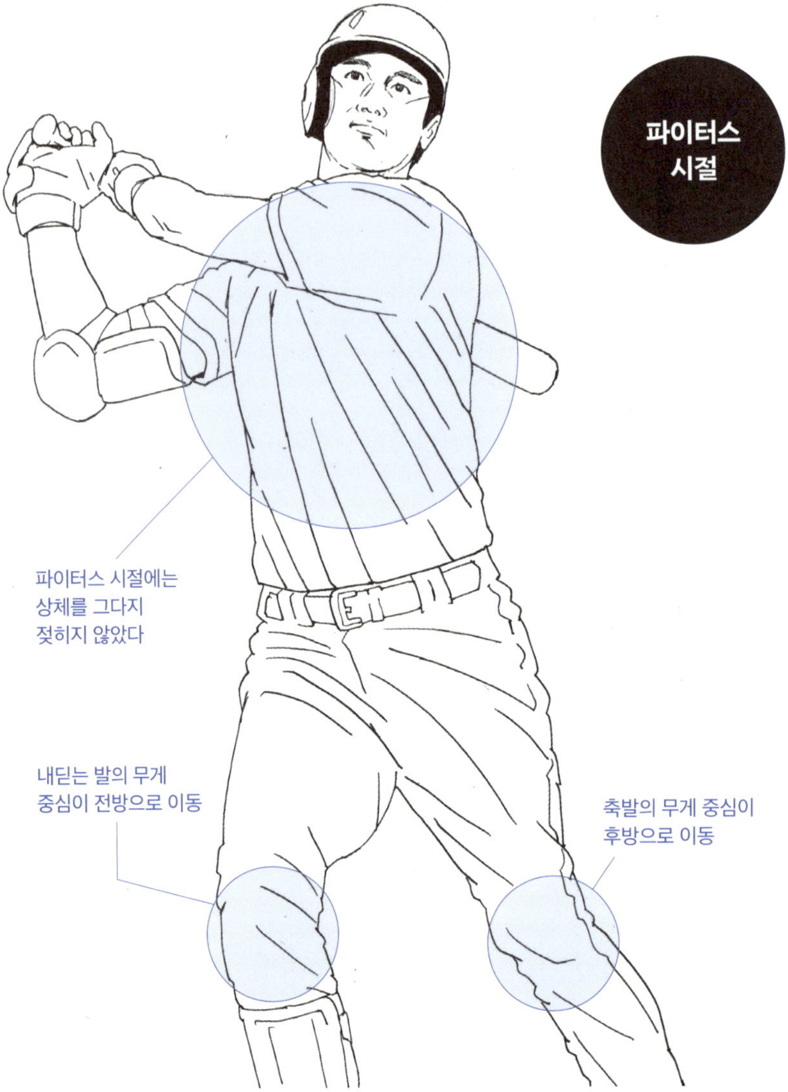

파이터스 시절

파이터스 시절에는 상체를 그다지 젖히지 않았다

내딛는 발의 무게 중심이 전방으로 이동

축발의 무게 중심이 후방으로 이동

이 항목과 관련된 훈련법의 동영상을 시청할 수 있다.

아래 일러스트를 보길 바란다. 오른쪽은 다저스에서 뛰고 있는 2024년의 피니시. 한편 왼쪽은 파이터스 1년 차였던 2013년의 피니시다. 상체를 젖힌 정도가 완전히 다르다는 걸 알 수 있다.

하이 피니시의 이점은 등 근육을 최대한 사용하면서 스윙을 마무리할 수 있다는 것이다. 시즌 중에 스윙을 바꾸는 것은 어려운 일이다. 그래서 오타니 선수가 최초의 준비 자세(입구)와 스윙의 피니시(출구)의 형태를 중요시하는 것으로 생각된다. 즉, 이상적인 입구에서 이상적인 출구를 향해 풀스윙하려는 것이다.

올바른 준비 자세에서 올바른 피니시를 향해 나아가면 자연스럽게 올바른 스윙이 된다는 생각이다.

현재

내딛는 발의 무게 중심 이동이 작다

골프의 드라이버 샷처럼 휘둘러 올린다

축발의 무게 중심 이동이 작다

임팩트 순간부터 하이 피니시까지의 자세

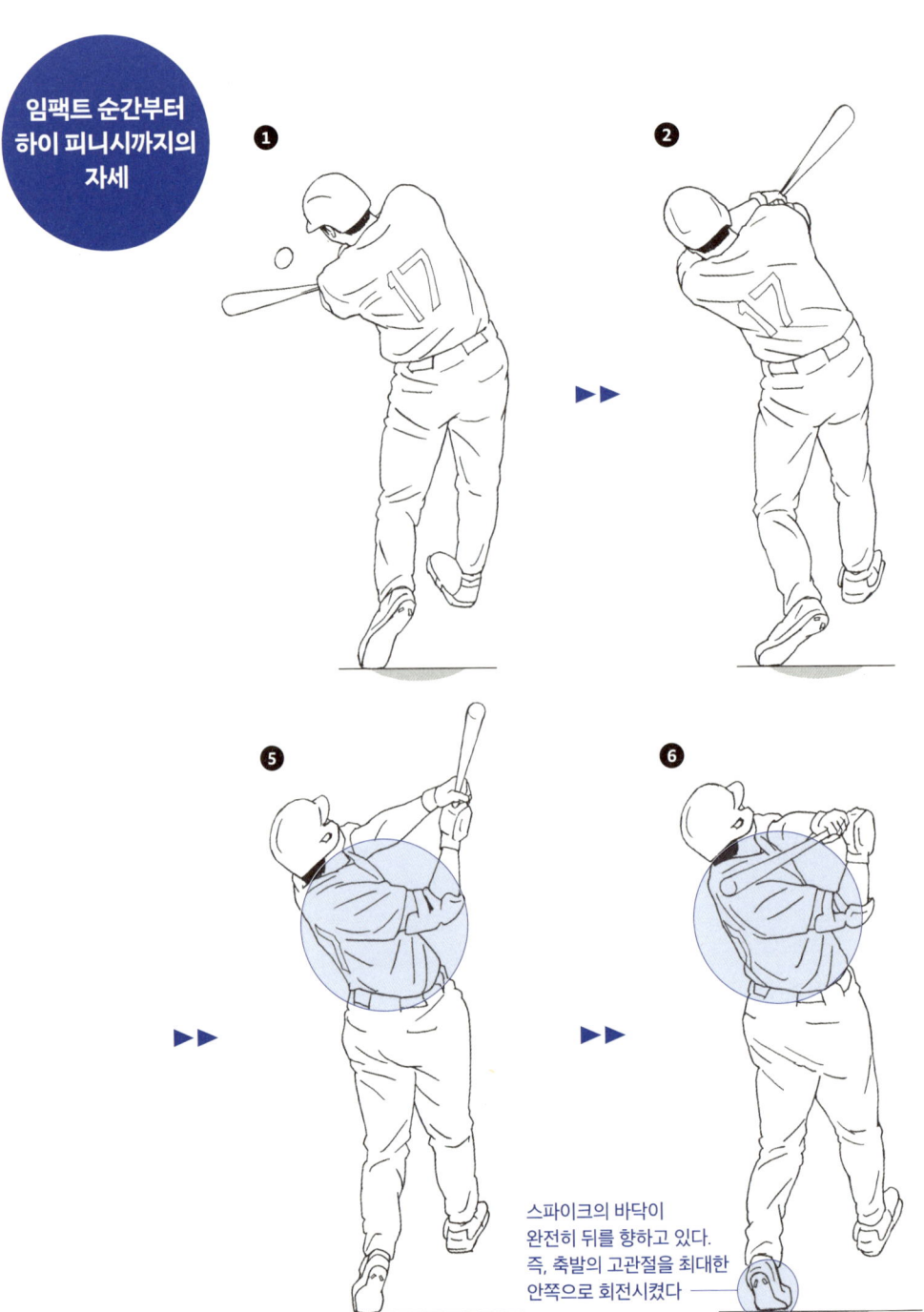

스파이크의 바닥이 완전히 뒤를 향하고 있다. 즉, 축발의 고관절을 최대한 안쪽으로 회전시켰다

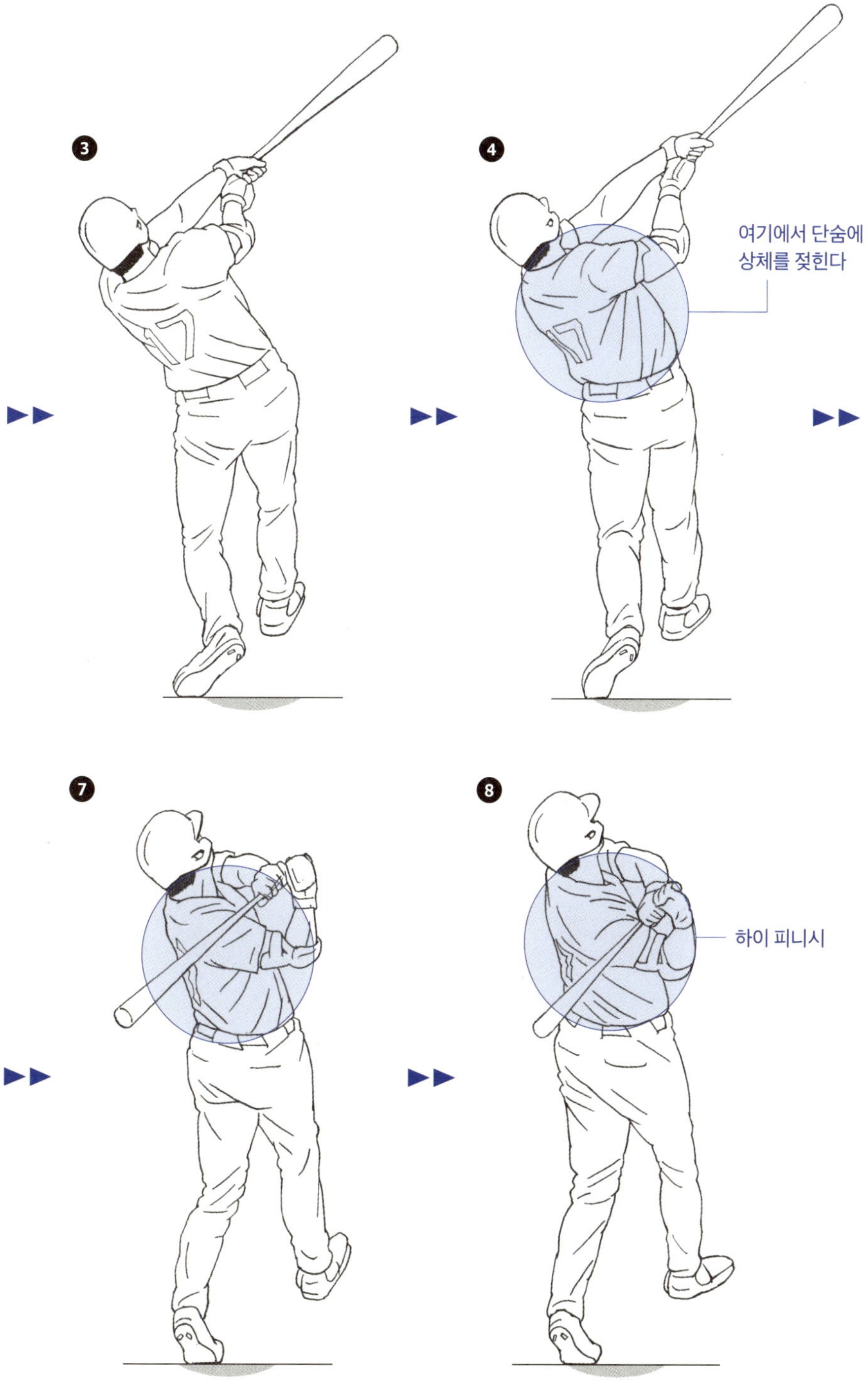

❸

❹ 여기에서 단숨에
상체를 젖힌다

▶▶ ▶▶ ▶▶

❼

❽ 하이 피니시

▶▶ ▶▶

73

Column 2

우투좌타는 홈런을 치는 데 불리하다?

아래 표는 2000년부터 2024년까지 일본 프로야구 퍼시픽리그의 홈런왕을 정리한 것이다. 이 표에 의하면 우투우타인 타자가 29명 중 20명이다. 이를 통해 배트를 쥐었을 때 주로 쓰는 손이 톱 핸드(위에 오는 손)가 되는 것, 즉 톱 핸드의 미는 힘이 강한 편이 장타를 칠 때 유리하다는 것을 알 수 있다.

지면 관계상 표를 싣지는 못했지만, 타율 1위는 우투좌타인 타자가 25명 중 15명으로서 압도적으로 많다는 결과가 나왔다. 게다가 1999년 이전에는 역시 우투좌타인 이치로 선수가 6년 연속 타율 1위를 차지했다. 타율 1위에 좌타자가 많은 것은 1루 베이스가 가깝고 공을 친 순간 달리기 시작하는 경향이 있기 때문이다.

우투좌타인 오타니 선수는 배트를 쥐었을 때 주로 쓰는 손인 오른손이 보텀 핸드(아래에 오는 손)가 된다. 그럼에도 어떻게 이렇게 많은 홈런을 칠 수 있는 것일까?

그 요인 중 하나는 오른쪽 팔꿈치 수술을 받은 것을 들 수 있다. 팔꿈치의 깁스는 고정 기간이 길기 때문에 왼손을 사용할 기회가 많아졌고, 또한 적극적으로 강화도 할 수 있었기에 결과적으로 톱 핸드로 미는 힘이 비약적으로 상승한 것으로 추측된다.

퍼시픽 리그 역대 홈런왕(2000~2024년)

연도	이름	홈런	투	타	연도	이름	홈런	투	타
2024	야마카와 호타카(소프트뱅크)	34	우	우	2012	나카무라 다케야(세이부)	27	우	우
2023	폴랑코(롯데)	26	좌	좌	2011	나카무라 다케야(세이부)	48	우	우
2023	곤도 겐스케(소프트뱅크)	26	우	좌	2010	T-오카다(오릭스)	33	좌	좌
2023	아사무라 히데토(라쿠텐)	26	우	좌	2009	나카무라 다케야(세이부)	48	우	우
2022	야마카와 호타카(세이부)	41	우	우	2008	나카무라 다케야(세이부)	46	우	우
2021	스기모토 유타로(오릭스)	32	우	우	2007	야마사키 다케시(라쿠텐)	43	우	우
2020	아사무라 히데토(라쿠텐)	32	우	좌	2006	오가사와라 미치히로(닛폰햄)	32	우	좌
2019	야마카와 호타카(세이부)	43	우	우	2005	마쓰나카 노부히코(소프트뱅크)	46	좌	좌
2018	야마카와 호타카(세이부)	47	우	우	2004	마쓰나카 노부히코(다이에)	44	좌	좌
2017	데스파이네(소프트뱅크)	35	우	우	2004	세기놀(닛폰햄)	44	우	양
2016	레어드(닛폰햄)	39	우	우	2003	로즈(긴테쓰)	51	좌	좌
2015	나카무라 다케야(세이부)	37	우	우	2002	카브레라(세이부)	55	우	우
2014	메히아(세이부)	34	우	우	2001	로즈(긴테쓰)	55	좌	좌
2014	나카무라 다케야(세이부)	34	우	우	2000	나카무라 노리히로(긴테쓰)	39	우	우
2013	아브레이유(닛폰햄)	31	우	우					

제 3 장

'미일 타격 격차'의 수수께끼를 밝혀낸다

승리지상주의와
즐거움 우선이라는 차이

이 장에서는 오타니 쇼헤이 선수의 타격 메커니즘을 더욱 깊게 파고들면서 미국과 일본의 타격 이론이 어떻게 다른지에 관해 설명하겠다.

제2장에서도 잠시 언급했듯이, 일본에서는 "겨드랑이를 붙이고 공에 대해 최단 거리로 배트를 내밀어라." 하는 지도가 주류다. 이런 방식으로 타격하면 타구 속도나 비거리는 나오지 않지만 스윙 거리가 짧아져서 배트에 공을 맞힐 확률이 약간 높아지기 때문에 상황에 맞춰 타격하기가 쉬워진다. 요컨대 선수를 성장시키기보다 팀의 승리를 우선하는 타격을

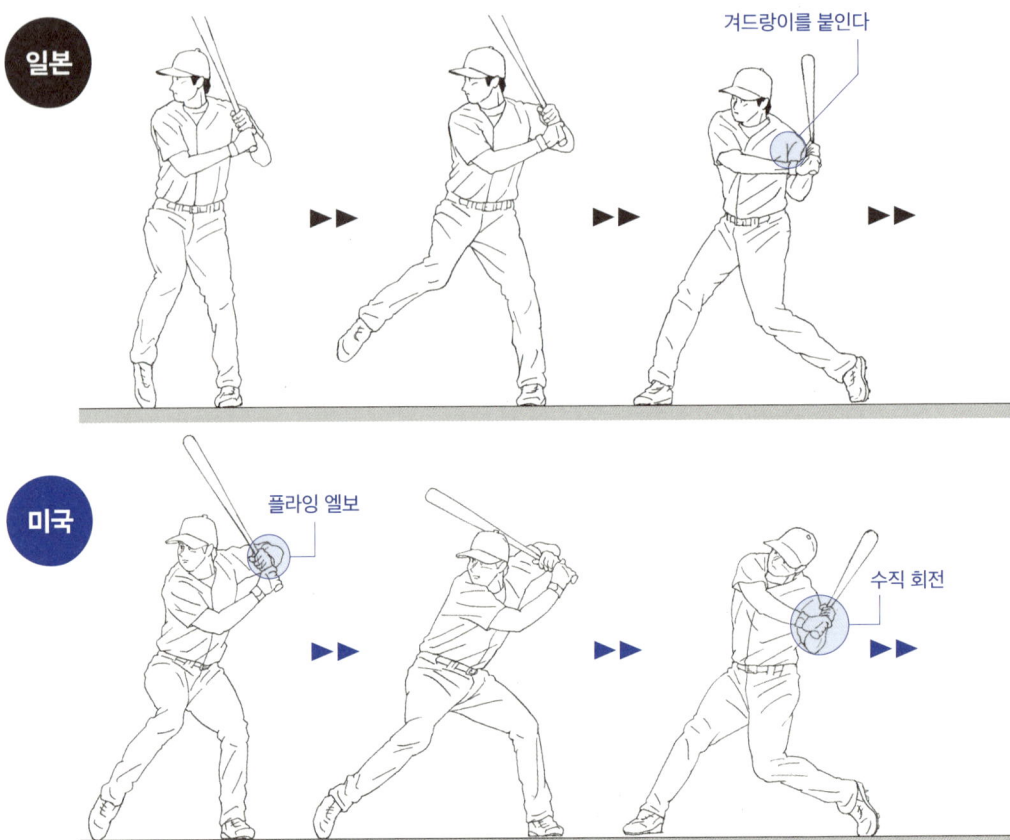

중시하는 것이다.

그에 비해 미국에서는 기본적으로 '모두가 홈런을 칠 수 있게 한다.'라는 사고방식이 주류다. 야구 본연의 즐거움인 '공을 멀리 날려 보내는 쾌감'을 중요하게 여기는 것이다.

미국과 일본의 타격에 대한 사고방식 중 어느 쪽이 옳고 어느 쪽이 틀렸다고 말하기는 어렵다. 하지만 어느 쪽이 더 즐거운지, 어느 쪽이 선수의 장래를 더 생각하는지는 굳이 말할 필요가 없을 것이다.

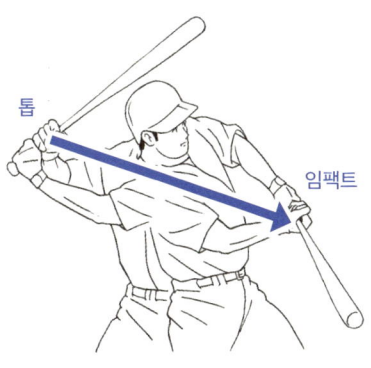

최단 거리로 배트를 내민다?

톱

임팩트

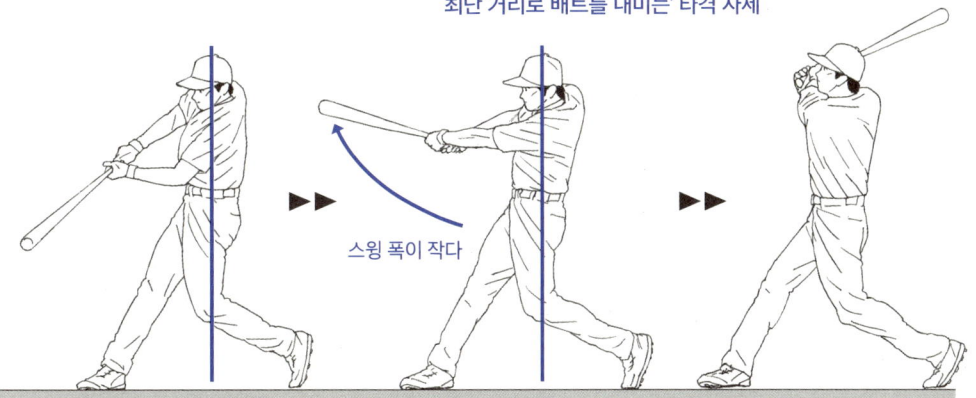

일본 특유의 '겨드랑이를 붙이고 공에 대해 최단 거리로 배트를 내미는' 타격 자세

스윙 폭이 작다

미국에서 주류인 '공을 멀리 날려 보내기' 위한 타격 자세

스윙 폭이 크다

체중을 축발에 싣고 배트를 휘두른다. 즉, 스윙 후반부에 상체를 후방으로, 배트는 전방으로 이동시키는 까닭에 결과적으로 스윙 속도가 빨라진다

타자에게는 유형이 있다

나는 어떤 타자든 반드시 홈런을 노려야 한다고 생각하지는 않는다. 타자에게는 여러 유형이 있기 때문이다.

타자는 크게 세 가지 유형으로 나뉜다. 출루율이 높고 도루나 팀 배팅 같은 세밀한 플레이를 잘하는 S(스피드 & 테크닉)형, 일발 장타의 가능성을 지닌 P(파워 & 빅 플라이)형, 두 유형의

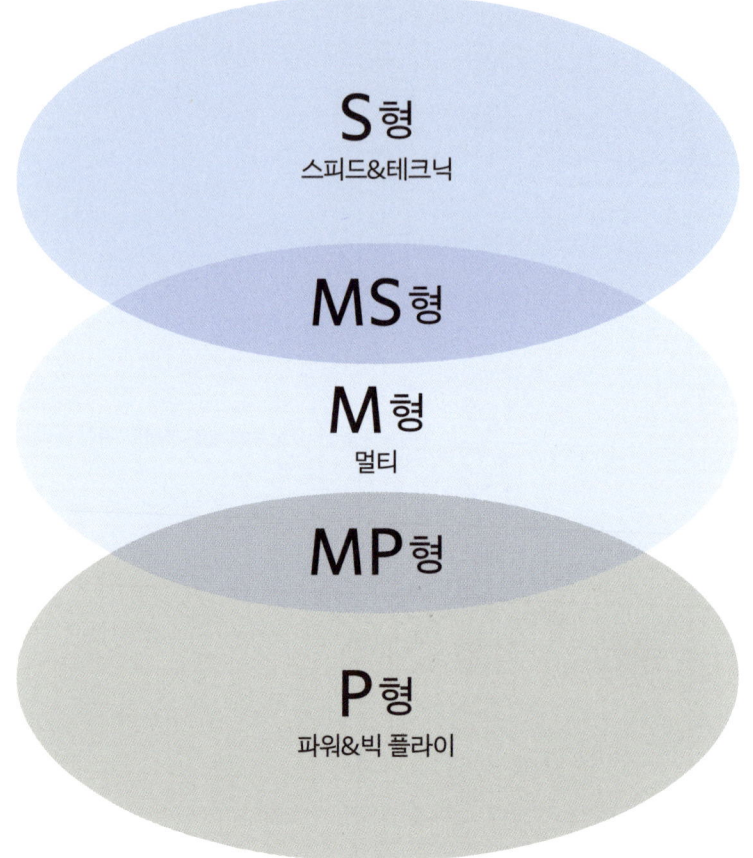

타자의 세 가지 유형

중간에 위치한 M(멀티)형이다. 일반적으로는 M형이 압도적으로 많다.

십인십색이라는 말처럼, 자신의 유형에 맞게 타격을 해야 한다. 따라서 일본의 많은 팀에서 볼 수 있듯이 멤버 전원이 같은 자세로 타격하는 것은 무의미하다고 말할 수밖에 없다. 최근에는 OPS가 중시되고 있다. OPS는 'On base Plus Slugging'의 약자인데, 문자 그대로 '출루율+장타율'을 계산해서 그 선수가 팀의 득점에 얼마나 공헌했는지 나타낸 것이다. OPS 데이터가 나오기 시작한 2011년경부터 미국과 일본의 프로야구계에서도 OPS가 높은 순서대로 팀의 순위가 정해지고 있다.

OPS를 구하는 방법

$$OPS = 출루율 + 장타율$$

$$출루율 = (안타\ 수 + 사사구\ 수) \div (타수 + 사사구\ 수 + 희생\ 플라이\ 수)$$

$$장타율 = 루타\ 수 \div 타수$$

2024년 시즌 오타니 선수는

출루율 : (197+87)÷(636+87+5)=0.390 리그 1위 ♛

장타율 : 411÷636=0.646 리그 1위 ♛

OPS :   0.390+0.646=1.036 리그 1위 ♛

세 종류의 스윙

타자의 스윙은 공을 위에서 내려치는 다운 스윙, 지면과 수평 궤도를 그리는 레벨 스윙, 공을 아래에서 올려 치는 어퍼 스윙의 세 종류로 크게 나눌 수 있다.

일본에서는 많은 선수가 이 세 종류의 스윙 가운데 레벨 스윙을 하고 있다. 공을 배트에 맞힐 확률이 가장 높다는 인식이 있기 때문이다. 한편 땅볼을 쳐서 주자를 진루시키는 팀 배팅에 유리한 다운 스윙을 권장하는 지도자도 종종 볼 수 있다.

반면에 어퍼 스윙은 배트에 공을 맞힐 확률이 낮고 설령 맞히더라도 뜬공이 될 확률이 높아 가장 좋지 않은 스윙이라고 생각한다. 경기나 훈련에서 "공을 띄우지 마! 굴리라고!"라고 주의를 주는 것은 바로 이 때문이다.

그런데 이것이 과연 옳은 생각일까? 지금부터 과학적인 관점에서 분석해 보도록 하겠다.

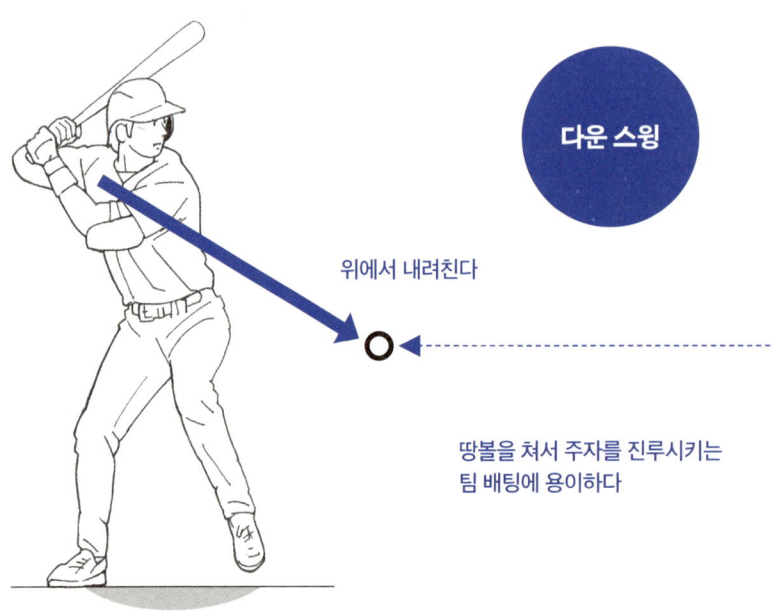

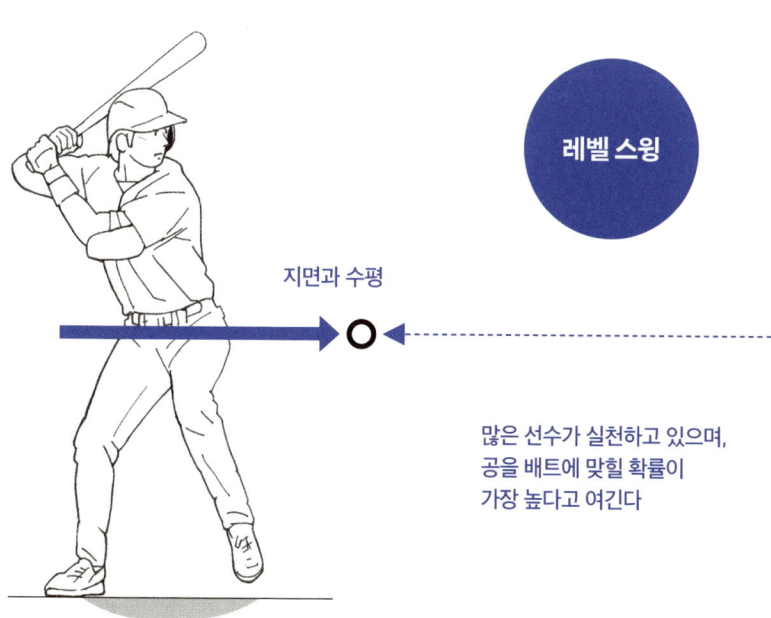

레벨 스윙

지면과 수평

많은 선수가 실천하고 있으며,
공을 배트에 맞힐 확률이
가장 높다고 여긴다

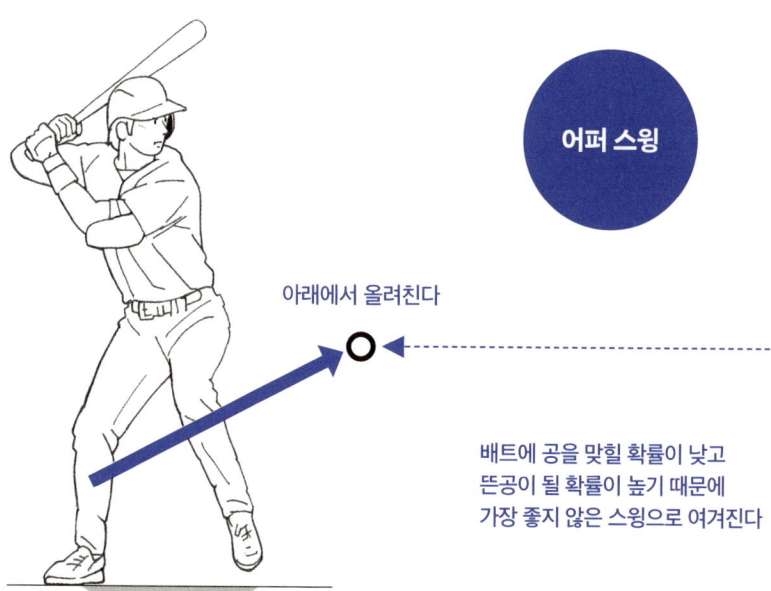

어퍼 스윙

아래에서 올려친다

배트에 공을 맞힐 확률이 낮고
뜬공이 될 확률이 높기 때문에
가장 좋지 않은 스윙으로 여겨진다

투수가 던지는 공에는 반드시 입사각이 존재한다

투수가 던지는 공의 궤도와 타자가 스윙한 배트의 궤도가 일치할 때 배트를 공에 맞힐 확률이 가장 높아진다. 그래서 일본에서는 지면에 대해 수평으로 배트를 휘두르는 레벨 스윙이 배트에 공을 맞힐 확률이 가장 높은 스윙이라고 여긴다.

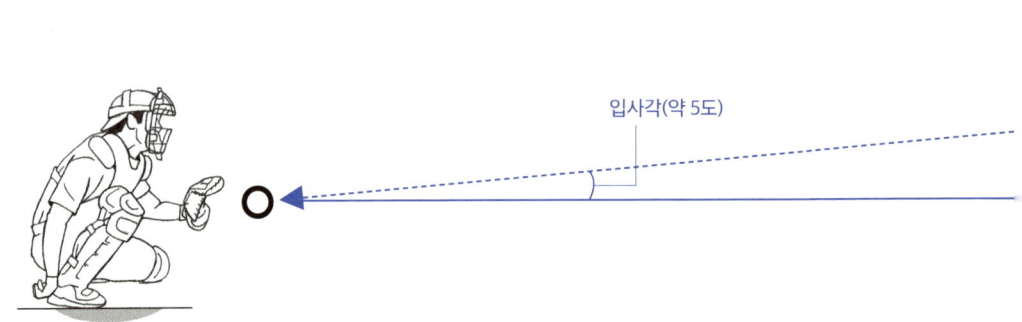

시속 150킬로미터의 속구라도
5도 정도의 각도로 떨어지기 때문에
투수가 던진 공이 지면과 수평인 궤도를
그리는 일은 있을 수 없다

그러나 이 생각은 한 가지 중요한 점을 간과하고 있다. 투수가 던지는 공에는 반드시 입사각이 존재한다는 사실이다. 설령 초속이 시속 150킬로미터에 이르는 강속구라 해도 중력의 영향을 받기 때문에 홈플레이트를 통과하는 사이에 속도가 감소하며, 공의 궤도도 아래를 향한다. 게다가 투수는 10인치(약 25.4센티미터) 높이의 마운드에서 공을 던진다. 요컨대 투수가 던진 공이 지면과 수평인 궤도를 그리는 일은 있을 수 없다는 것이다.

실제로 시속 150킬로미터의 속구를 던질 경우 5도 정도의 각도로 떨어진다는 사실이 판명되었다.

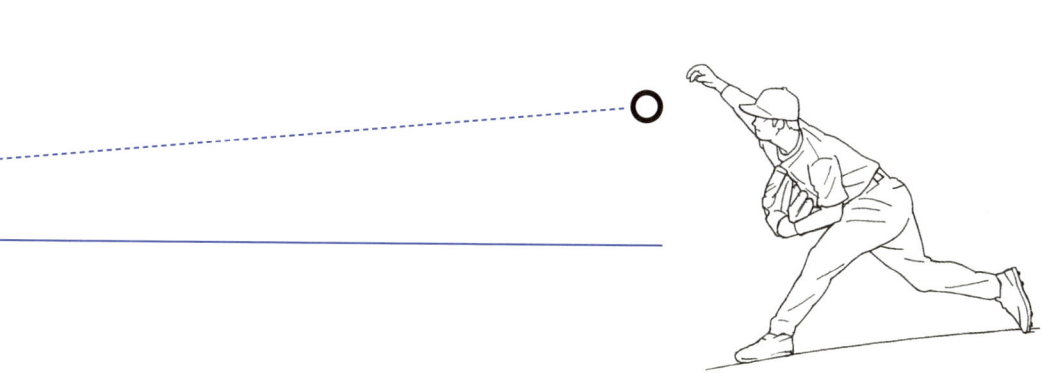

가장 공을 맞힐 확률이 높은 스윙은?

그렇다면 가장 공을 배트에 맞힐 확률이 높은 스윙은 무엇일까?

투수가 던지는 공에 입사각이 존재하는 이상, 레벨 스윙은 명백히 공과 스윙의 궤도가 일

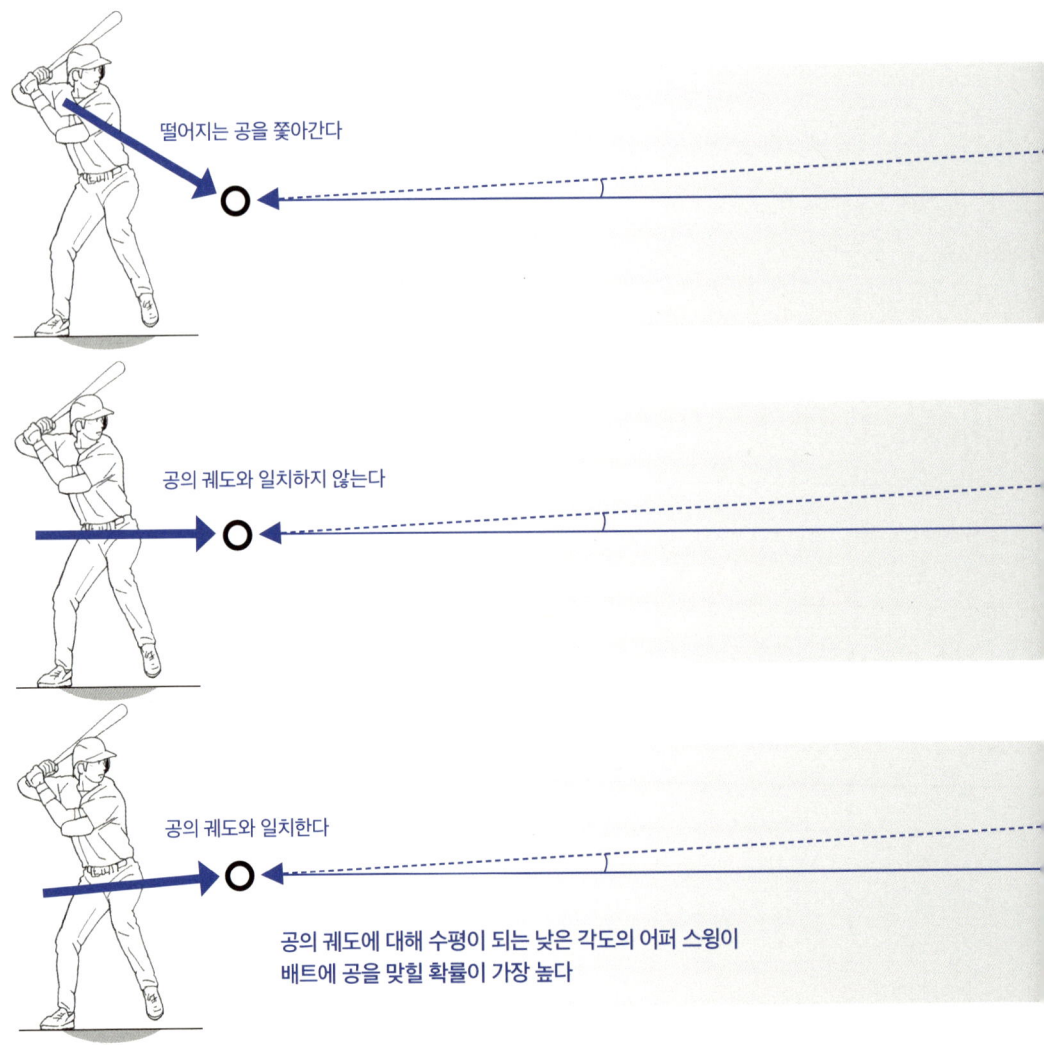

떨어지는 공을 쫓아간다

공의 궤도와 일치하지 않는다

공의 궤도와 일치한다

공의 궤도에 대해 수평이 되는 낮은 각도의 어퍼 스윙이 배트에 공을 맞힐 확률이 가장 높다

치하지 않는다. 또한 위에서 내려치는 다운 스윙은 점점 떨어지는 공을 쫓아가게 되기 때문에 당연히 공을 배트에 맞힐 확률이 낮고 땅볼도 많아진다.

그렇다는 말은 공의 궤도에 대해 수평인 스윙, 요컨대 약간의 어퍼 스윙이 배트에 공을 맞힐 확률이 가장 높은 스윙이라는 결론이 나온다.

전설적인 4할 타자인 테드 윌리엄스(전 보스턴 레드삭스)는 "안타를 치기 가장 좋은 스윙은 낮은 각도의 어퍼 스윙이다."라고 말하기도 했다.

다운 스윙

레벨 스윙

어퍼 스윙

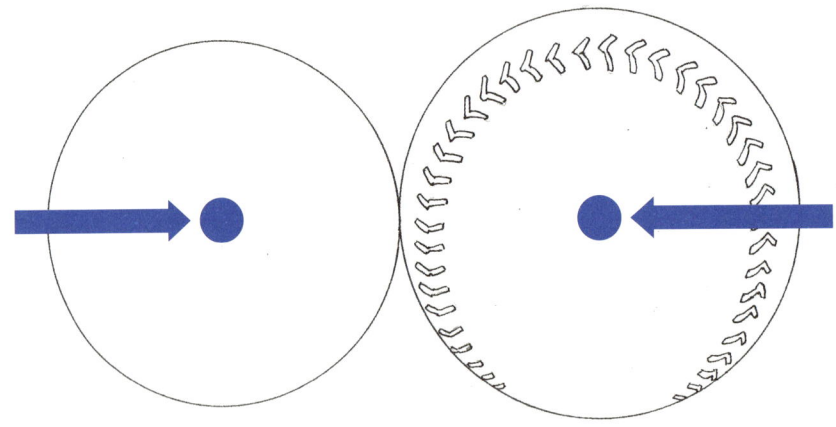

비거리가 가장 증가하는 각도는?

투수가 던진 공의 궤도와 타자가 스윙한 배트의 궤도가 일치하면 배트에 공을 맞힐 확률이 가장 높아질 뿐만 아니라 타구 속도가 최고에 도달한다는 사실도 확인되었다. 그렇다면 공에 대해 배트를 어느 정도 각도로 맞혀야 타구를 가장 멀리 날릴 수 있을까?

이에 관해서는 공의 중심으로부터 6밀리미터 아래를 배트의 중심으로 가격했을 때, 구체적으로는 19도 각도의 어퍼 스윙으로 맞혔을 때라는 것이 과학적으로 증명되었다. 이 각도로 공을 맞히면 타구에 백 스핀이 걸려서 더 멀리 공을 날릴 수 있다.

패스트볼(커터 등의 패스트볼 계열 변화구도 포함)의 평균 속도를 기준으로 살펴보면, 시속 150킬로미터인 MLB(메이저리그 베이스볼)에서는 5도 각도의 어퍼 스윙이, 시속 143.2킬로미터인 NPB(일본 야구 기구)에서는 6~10도 각도의 어퍼 스윙이 가장 비거리를 낼 수 있는 스윙인 것으로 밝혀졌다.

이 두 숫자에 앞에서 이야기한 19도의 각도를 가미하면 5~20도 각도의 어퍼 스윙이 이상적인 스윙이라는 결론에 도달한다.

참고로, 오타니 선수의 스윙은 15~20도의 어퍼 스윙이다.

투구의 궤도와 배트의 궤도가 일치하면
타구 속도가 최고에 도달하며(왼쪽),
공의 중심에서 6밀리미터 아래를
배트의 중심이 가격할 때
공이 가장 멀리 날아간다(오른쪽)

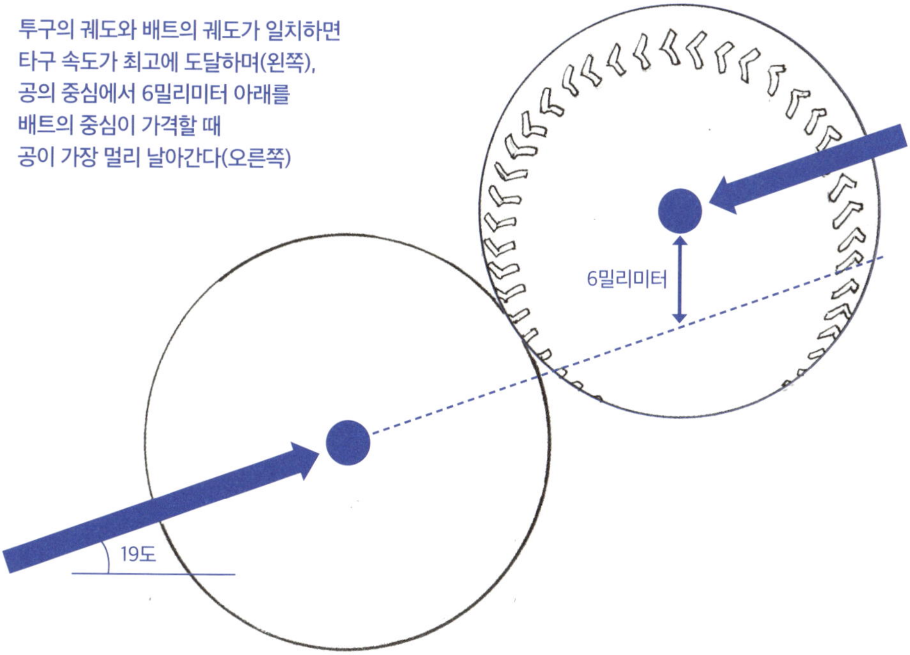

6밀리미터

19도

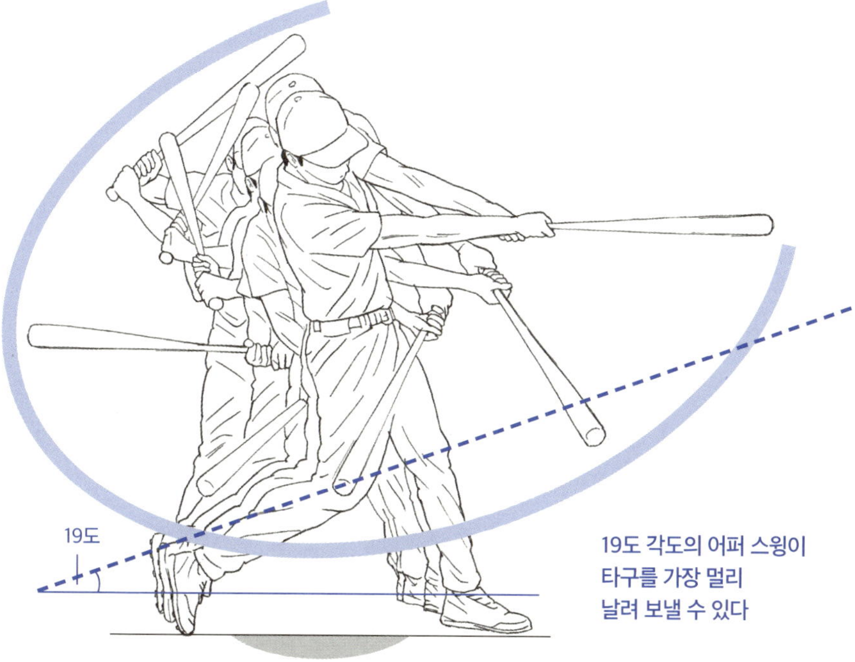

19도

19도 각도의 어퍼 스윙이
타구를 가장 멀리
날려 보낼 수 있다

실험을 통해 밝혀진 미트 포인트까지의 최단 거리

76페이지에서 일본에서는 공에 대해 최단 거리로 배트를 내밀라는 지도가 주류라고 했었다. 그렇다면 세 종류의 스윙 가운데 가장 미트 포인트에 빠르게 도달하는 스윙은 무엇일까? 이에 관한 실험 결과를 소개하겠다.

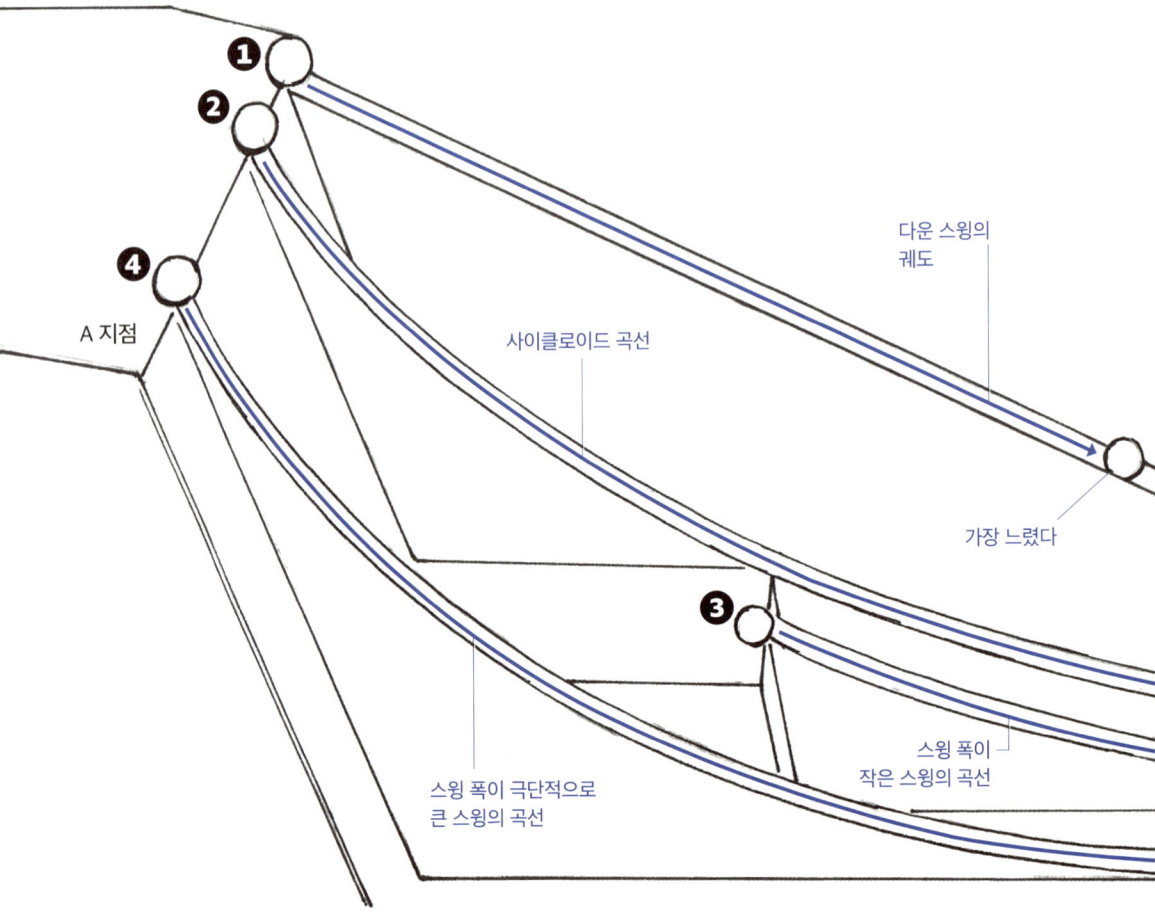

실험에서는 다음과 같은 네 종류의 비탈을 만들고 각각 A 지점에서 공을 굴려 어떤 공이 제일 빨리 B 지점에 도달하는지 조사했다.

❶ B 지점까지 최단 거리인 직선의 비탈
❷ 스키의 점프대 같은 곡선 비탈
❸ ①②의 절반 거리인 완만한 곡선의 비탈
❹ L자에 가까운 깊은 곡선의 비탈

결과는 ②③④①의 순서였다. ②의 곡선은 '사이클로이드 곡선'이라고 해서, 물리학적으로 가장 빠르게 도달한다는 것이 증명되었다.
②~④의 곡선 궤도는 어퍼 스윙의 궤도와 일치한다. 이는 중력이 수직으로 작용하기 때문이다. 다만 스윙 폭이 작거나 곡선의 궤도가 극단적으로 커지면 도달하기까지 시간이 걸린다.
참고로, 일본에서 주류인 스윙 궤도와 같은 ①은 놀랍게도 최하위였다.

어퍼 스윙의 궤도와 일치하는
❷의 곡선이 가장 빠르게 B 지점에 도달했다

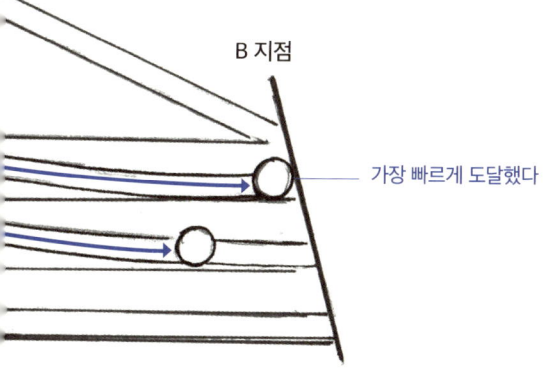

나이키의 마크처럼 휘둘러라!

이상과 같은 사실에서 어퍼 스윙이야말로 가장 공을 맞힐 확률이 높고 타구를 가장 멀리 날릴 수 있는 스윙이라는 결론이 도출되었다.

그렇다면 구체적으로 어떤 어퍼 스윙을 이상적인 스윙이라고 말할 수 있을까? 미국에서는 "나이키의 스우시 마크처럼 휘둘러라."라고 말한다.

스포츠용품 브랜드인 나이키의 로고인 스우시 마크. 승리의 여신 니케의 날개를 본떠 디자인했다는 이 마크를 다들 한 번쯤은 봤으리라 생각한다. 미국에서는 스우시 마크와 같은 궤도의 스윙을 이상적이라고 여긴다는 것이다.

우타자라면 1루 쪽에서 봤을 때의 스윙 궤도가, 좌타자인 오타니 선수라면 등 뒤에서 본 스윙 궤도가 스우시 마크와 겹친다. 요컨대 스윙의 첫 1/3은 수직 회전을 하고 그 뒤에 어퍼 스윙으로 이행하면 스우시 마크와 같은 사이클로이드 곡선(자세한 내용은 88페이지 참조)을 그리게 되는 것이다.

다운 스윙이 공을 점으로 포착하는 데 비해 어퍼 스윙은 공을 면으로 포착한다. 배트가 그런 궤도를 그리기 때문이다.

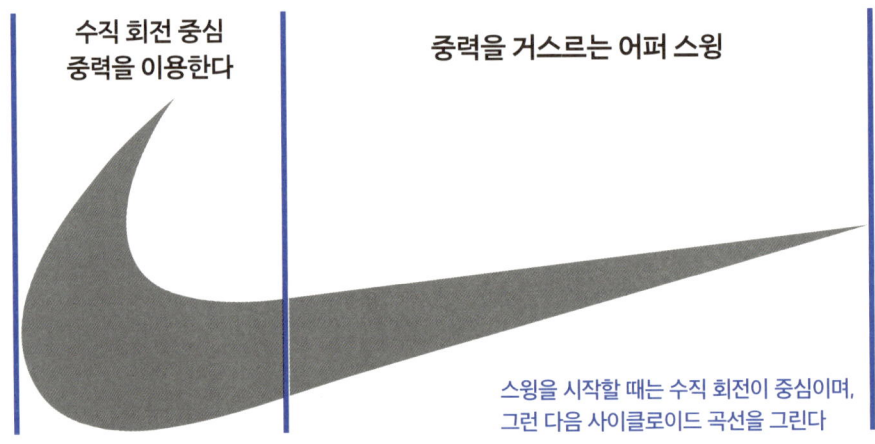

수직 회전 중심 중력을 이용한다

중력을 거스르는 어퍼 스윙

스윙을 시작할 때는 수직 회전이 중심이며, 그런 다음 사이클로이드 곡선을 그린다

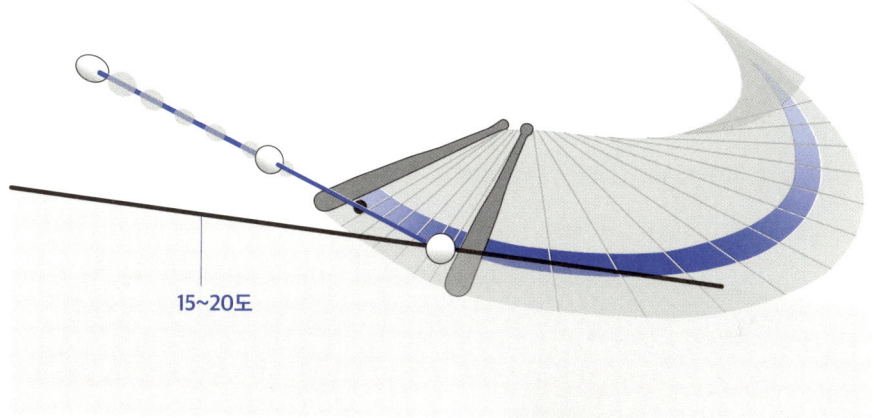

오타니 선수의 스윙 궤도

(MLB.COM 'Gameday'에서 수정 인용)

15~20도

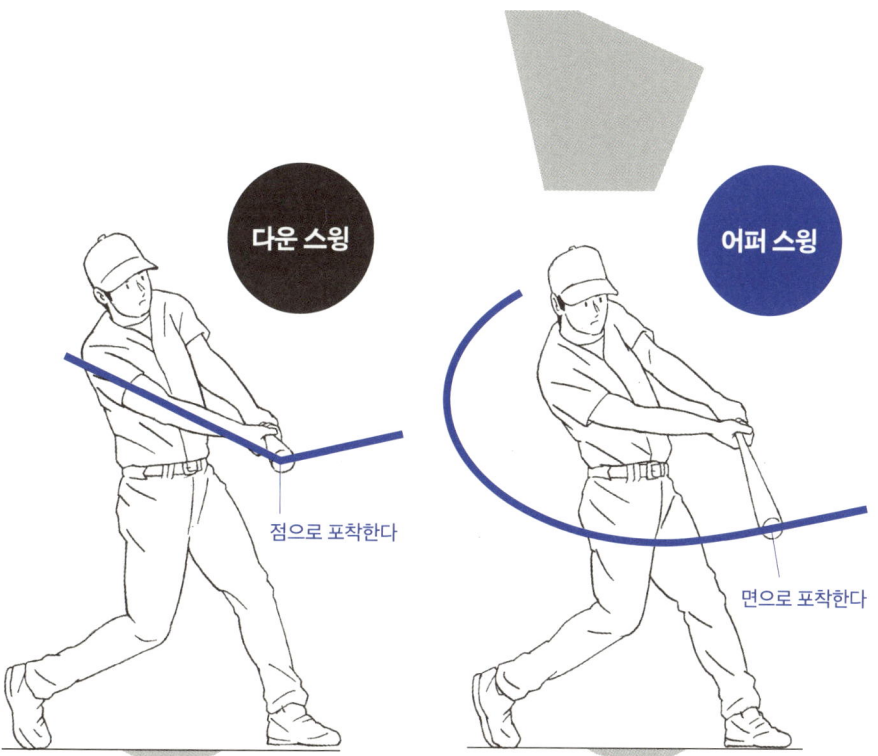

다운 스윙

점으로 포착한다

어퍼 스윙

면으로 포착한다

다운 스윙(왼쪽)은 공을 점으로 포착하는 데 비해, 어퍼 스윙(오른쪽)은 면으로 포착한다

어퍼 스윙의 열쇠를 쥐고 있는 '몸을 옆으로 굽히는' 움직임

중심이 되는 운동을 수평 회전에서 수직 회전으로 전환할 때 중요한 것은 40페이지에서 소개한 '몸을 옆으로 굽히는' 몸의 활용법이다.

좌타자인 오타니 선수의 경우 준비 자세에서 오른발을 내디딜 때까지 오른쪽 어깨와 오른쪽 허리의 거리가 가까운 상태를 만들며, 여기에서 다시 반대쪽으로 몸을 굽혀 왼쪽 어깨를 내리고 오른쪽 어깨를 올림으로써 수직 회전으로 이행한다.

몸을 옆으로 굽히지 않고 양어깨를 수평 회전하는 상태에서 어퍼 스윙을 하면 배트가 몸으로부터 멀어져 강력한 스윙을 하지 못한다. 이것이 어퍼 스윙을 시도했지만 실패하는 원인이다.

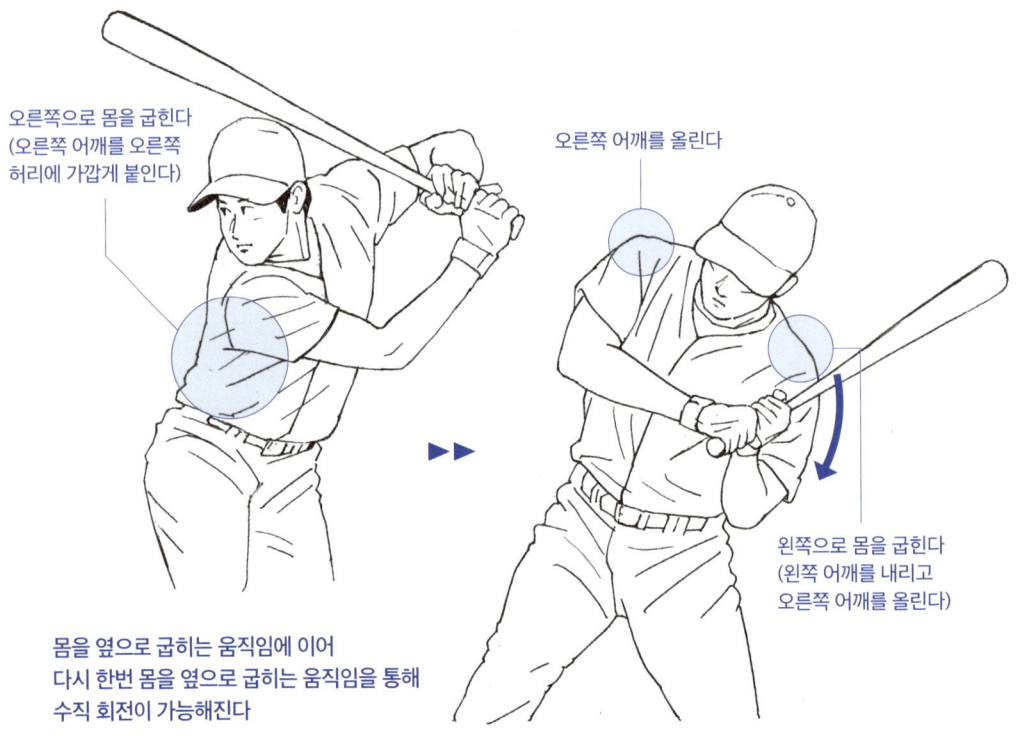

오른쪽으로 몸을 굽힌다
(오른쪽 어깨를 오른쪽 허리에 가깝게 붙인다)

오른쪽 어깨를 올린다

왼쪽으로 몸을 굽힌다
(왼쪽 어깨를 내리고 오른쪽 어깨를 올린다)

몸을 옆으로 굽히는 움직임에 이어
다시 한번 몸을 옆으로 굽히는 움직임을 통해
수직 회전이 가능해진다

왼쪽 어깨를 내리고 오른쪽 어깨를 올리는 수직 회전의 어퍼 스윙이라면 몸으로부터 배트가 멀어지지 않아 강력한 스윙을 할 수 있다.

몸과 가까운 위치에서 팔씨름을 하면 힘이 커지고 몸과 먼 곳에서 팔씨름을 하면 힘이 작아지는 것도 같은 이치다.

중요한 것은 수평 회전 중심을 수직 회전 중심으로 바꾼 결과 어퍼 스윙이 되는 것이다.

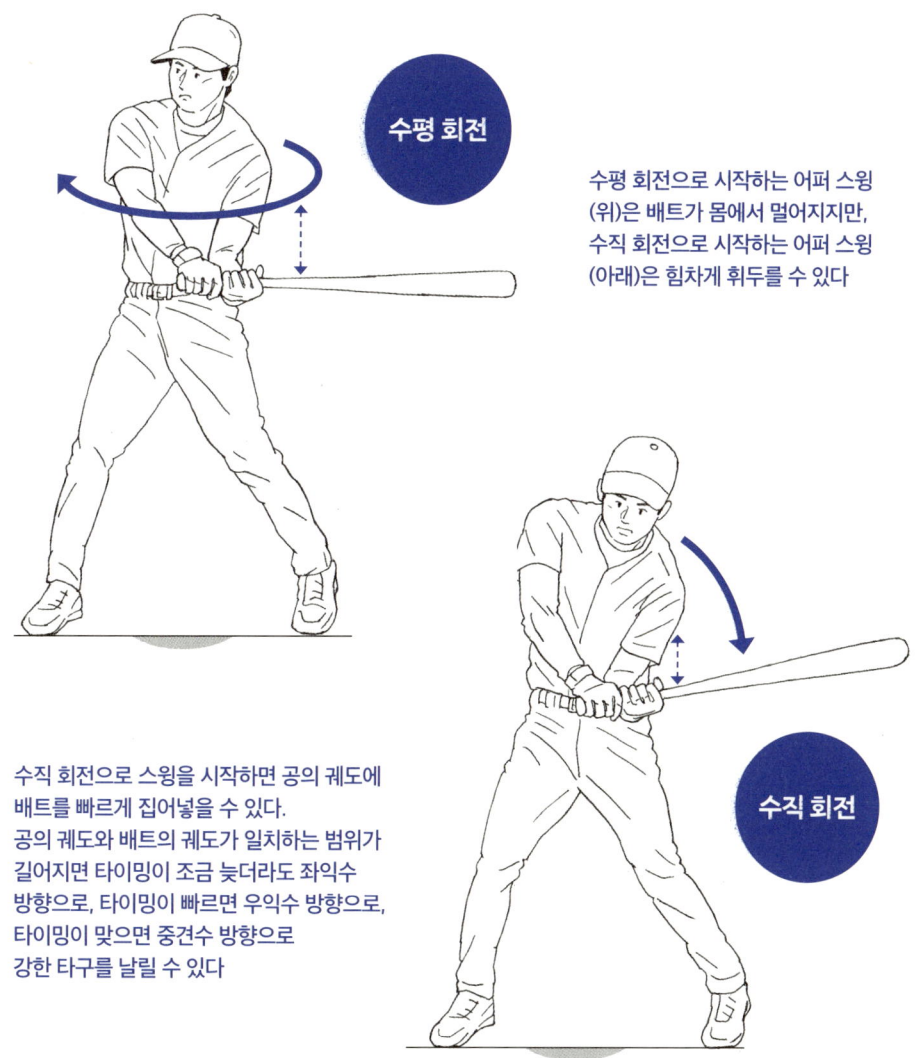

수평 회전으로 시작하는 어퍼 스윙(위)은 배트가 몸에서 멀어지지만, 수직 회전으로 시작하는 어퍼 스윙(아래)은 힘차게 휘두를 수 있다

수직 회전으로 스윙을 시작하면 공의 궤도에 배트를 빠르게 집어넣을 수 있다. 공의 궤도와 배트의 궤도가 일치하는 범위가 길어지면 타이밍이 조금 늦더라도 좌익수 방향으로, 타이밍이 빠르면 우익수 방향으로, 타이밍이 맞으면 중견수 방향으로 강한 타구를 날릴 수 있다

Column 3

2024년의 오타니 선수는
어떤 타구 각도의 홈런을 가장 많이 쳤을까?

86페이지에서 5~20도 각도의 어퍼 스윙이 가장 타구를 멀리 날려 보낼 수 있으며 오타니 선수의 스윙은 15~20도의 어퍼 스윙이었다고 이야기했다.

그렇다면 실제로 오타니 선수가 친 홈런은 어느 정도의 타구 각도로 날아갔을까? 2024년 시즌에 친 홈런 54개의 데이터를 분석해 보자.

아래 표는 타구 각도별 홈런 수를 정리한 것이다. 이 표를 보면 27도와 32도가 각각 5개로 가장 많고, 이어서 24도, 34도, 35도가 각각 4개이며, 전체적으로는 32~37도의 범위가 가장 많다는 것을 알 수 있다.

요컨대 15~20도의 어퍼 스윙으로 공을 맞혀서 32~37도의 타구 각도를 만들어냈을 때 홈런이 나올 가능성이 가장 크다는 것을 알 수 있다.

'겨드랑이를 붙이고 공에 대해 최단 거리로 배트를 내밀어야 한다.'라고 믿어 의심치 않는 일본의 지도자들은 이 결과를 어떻게 생각할지 궁금하다.

2024년 시즌에 오타니 선수가 친 홈런의 타구 각도 내역

타구 각도	홈런 수	타구 각도	홈런 수
19도	1	30도	3
20도	1	31도	2
21도	1	32도	5
22도	1	33도	1
23도	2	34도	4
24도	4	35도	4
25도	3	36도	3
26도	3	37도	3
27도	5	38도	2
28도	2	39도	1
29도	2	40도	1

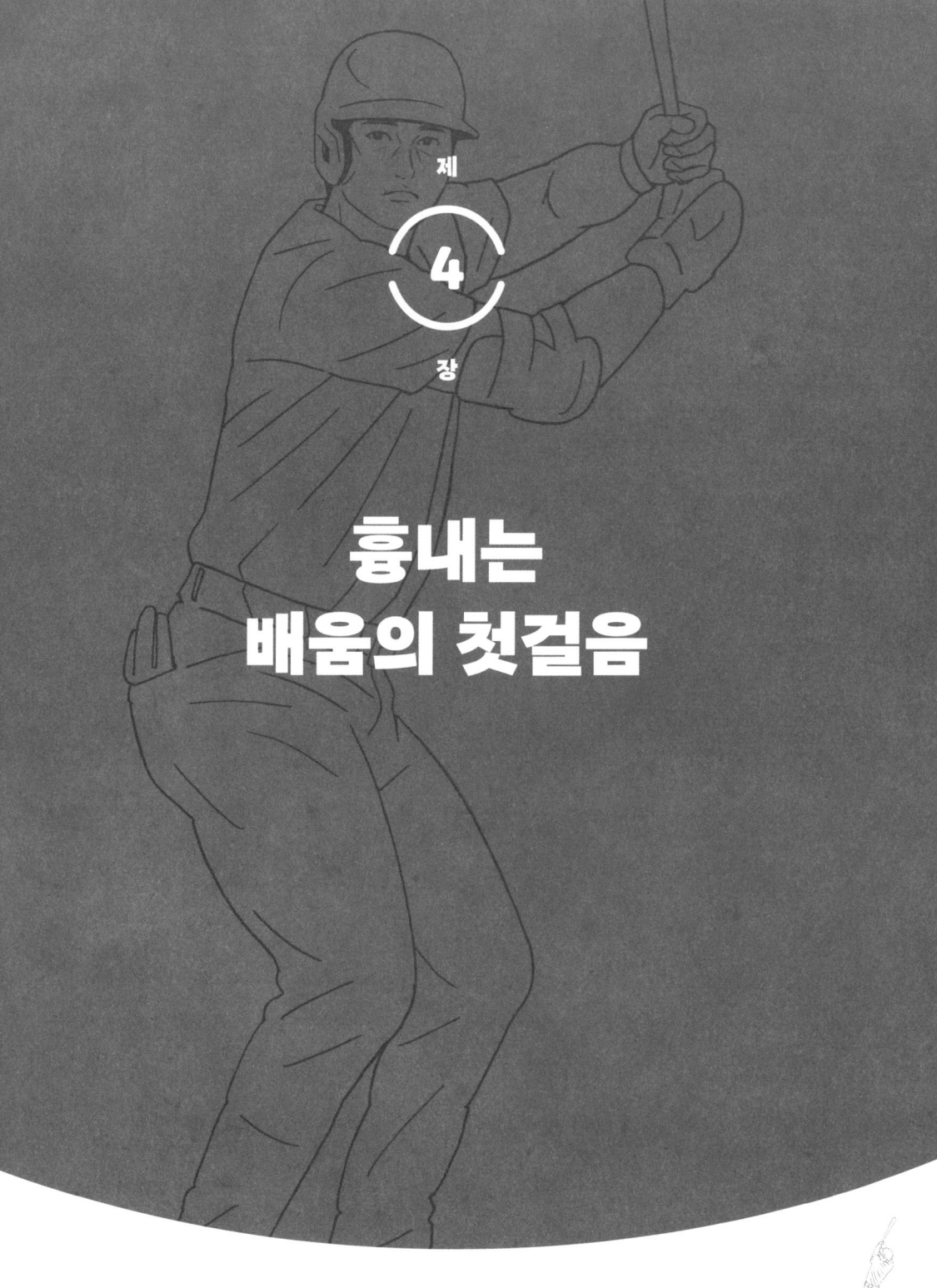

제 4 장

흉내는
배움의 첫걸음

본보기가 되는 사람의 말과 행동을 철저히 흉내 낸다

"배운다는 것은 흉내 낸다는 것이다." 이는 약 2,500년 전에 공자가 한 말이다. 여기에는 몸에 익히고자 하는 것이 있으면 본보기가 되는 사람을 보고 그의 말과 행동을 철저히 흉내 내라는 의미가 담겨 있다.

그래서 독자 여러분이 꼭 흉내 냈으면 하는 바람을 담아 쇼헤이에 관한 이야기들을 소개하면서 이 책을 마무리하려 한다.

오타니 선수의 플레이부터 사생활까지 전부 흉내 내 보자

고단백·저지방의 식사를 하루 6~7회 한다

제일 먼저 소개할 것은 컨디션에 대한 오타니 선수의 생각이다.

제1장에서 오타니 선수가 활약한 요인 중 하나로 근육량 증가를 들면서, 그 이유가 철저한 웨이트 트레이닝에 있다고 이야기했다. 그러나 근육량이 증가한 이유는 웨이트 트레이닝만이 아니다. 오타니는 식사와 휴식에도 많은 신경을 쓰고 있다.

먼저 식사부터 살펴보자. 오타니 선수는 기본적으로 지질이 적고 단백질이 60그램 포함된 식사를 하루 6~7회 섭취한다. 구체적으로는 돼지 안심, 닭가슴살, 닭 안심, 어패류, 삶은 달걀 등을 부식으로 먹고, 밥이나 파스타, 빵을 주식으로 먹으며, 여기에 더해 채소와 과일, 유제품을 먹는다. 이렇게 해서 하루에 4,500킬로칼로리를 섭취한다.

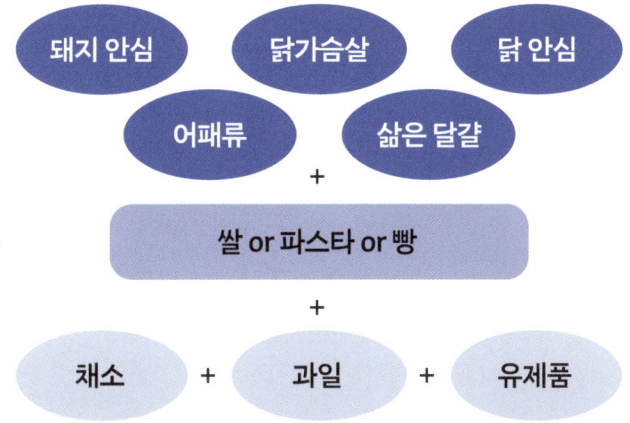

오타니 선수의 기본적인 식사

(기레호@감량대장에서 수정 인용)

단백질 60그램이 포함된 식사를 하루 6~7회

돼지 안심 / 닭가슴살 / 닭 안심 / 어패류 / 삶은 달걀
+
쌀 or 파스타 or 빵
+
채소 + 과일 + 유제품

지질이 적은 식재료를 선택해 하루 4,500킬로칼로리를 섭취한다

하루 10시간 이상의 수면으로 몸을 쉬게 한다

컨디션 조절의 또 다른 축은 휴식이다.

오타니 선수는 2023년에 열린 WBC(월드 베이스볼 클래식) 기간 중에도 최소 220킬로그램의 바벨을 짊어지고 스쿼트를 5회×5세트나 할 만큼 철저히 웨이트 트레이닝을 했다.

오타니 선수의 오프 시즌 일과

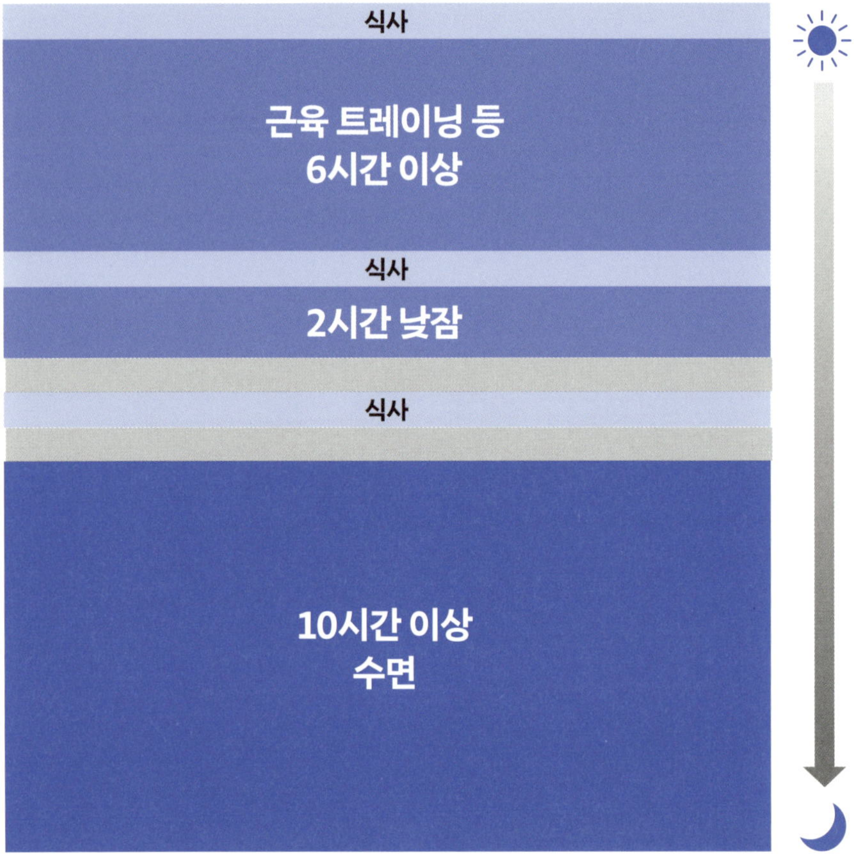

식사

근육 트레이닝 등
6시간 이상

식사

2시간 낮잠

식사

10시간 이상
수면

하루에 10시간 이상 자는 것을 루틴으로 삼고 있다

이렇게 몸을 몰아붙이면 당연히 그에 걸맞은 휴식이 반드시 필요하다. 웨이트 트레이닝을 통해 상처받은 근육 섬유는 휴식과 영양을 공급받음으로써 회복되며, 이때 근육이 비대해지기 때문이다.

휴식을 위해 가장 중요한 것은 수면이다. 오타니 선수는 수면에 관해서도 자신만의 규칙이 있어서, 하루에 10시간 이상 자는 것을 루틴으로 삼고 있다. 왼쪽 페이지 도표는 오타니 선수의 오프 시즌 일과를 예로 든 것이다. 야간 수면과 함께 낮잠도 2시간을 자면서 하루의 절반 이상을 수면에 사용하고 있다는 걸 알 수 있다. 실제로 오타니 선수는 "하루에 여유 시간이 1시간 늘어난다면 자는 데 쓰지 않을까요? 단순히 자는 시간을 1시간 늘리기만 해도 깨어 있는 시간의 질이 높아지니까요."라고 이야기한 적이 있다.

이상과 같은 사실에서, 자는 시간을 줄이면서 야간 훈련을 하는 것이 오히려 마이너스라는 걸 알 수 있다.

또한 수면은 근육의 회복뿐만 아니라 기술 습득에도 큰 역할을 담당한다. 연습한 기술은 자고 있는 동안 뇌 속에 새겨지기 때문이다.

투수가 우완이냐 좌완이냐에 따라 내딛는 발의 위치를 바꾼다

컨디션 관리 다음으로 소개하는 것은 타격 기술이다. 실천하고 있는 이유 등에서 불명확한 점이 많아 제2장의 '타격 메커니즘의 포인트'에서는 소개하지 않았지만, 오타니 선수의 타격 동작에는 '오타니 마니아'인 나의 관심을 끄는 것이 매우 많다.

먼저, 오타니 선수는 투수가 우완이냐 좌완이냐에 따라 내딛는 발(오타니 선수의 경우는 오른발)의 위치를 바꾼다. 아래 일러스트처럼 좌투수를 상대할 경우는 내딛는 발을 가볍게 여는 것을 알 수 있다. 이는 아마도 좌투수 특유의 '등 뒤에서 날아오는 공'에 대처하기 위해서일 것이다. 내딛는 발을 가볍게 열면 얼굴도 약간 정면을 향하게 되면서 공이 잘 보이게 되기 때문이라 생각된다.

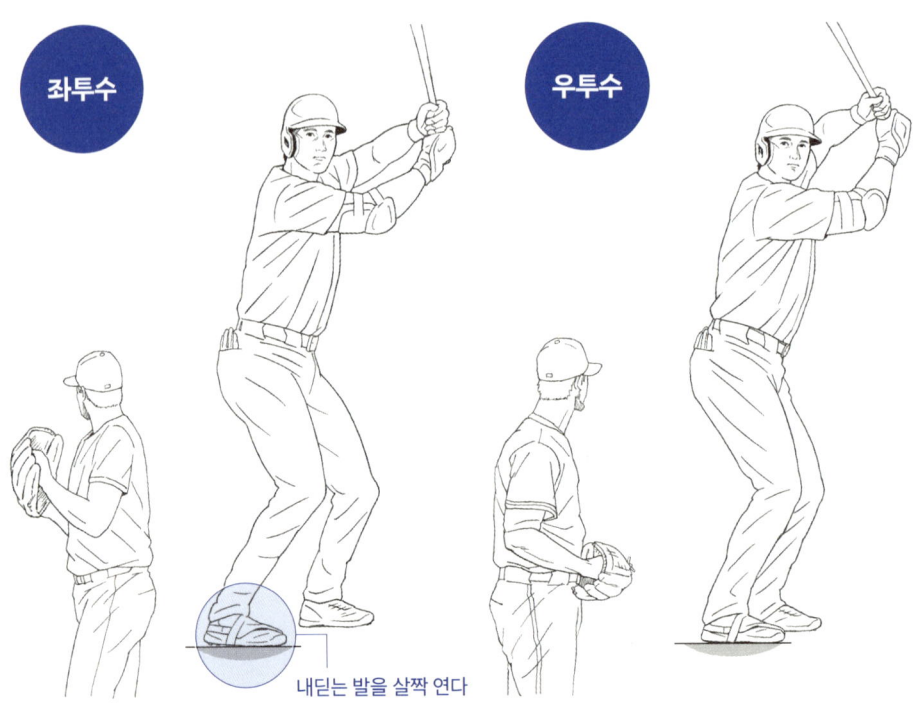

좌투수와 우투수를 상대할 때 오른발의 위치 차이에 주목하자

손가락 하나 정도의 너비를 띄우고 배트를 쥐며, 오른손 둘째손가락을 편다

메이저리그에서 홈런 타자의 재능을 꽃피운 오타니 선수. 홈런 타자라고 하면 배트를 최대한 길게 잡는다는 이미지가 있는데, 오타니 선수의 자세를 유심히 살펴보면 의외로 손가락 하나 정도의 너비를 띄운 채로 배트를 쥐고 있다는 걸 알 수 있다.

그리고 보텀 핸드(오타니 선수의 경우는 오른손)의 둘째손가락을 펴는 것도 커다란 특징이다. 지금 시점에서는 왜 그렇게 하는지 정확히 알 수 없다.

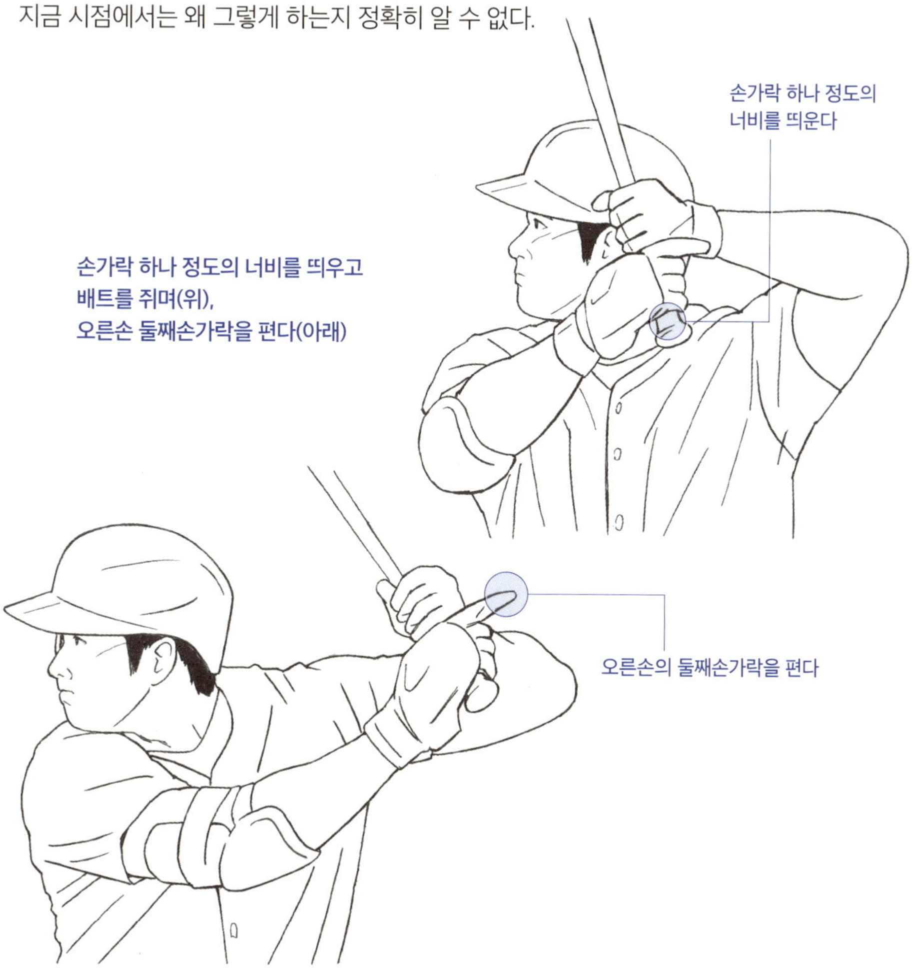

손가락 하나 정도의 너비를 띄우고 배트를 쥐며(위),
오른손 둘째손가락을 편다(아래)

손가락 하나 정도의 너비를 띄운다

오른손의 둘째손가락을 편다

공을
극한까지 끌어들여서 친다

이 항목과 관련된 훈련법의
동영상을 시청할 수 있다.

오타니 선수는 이와 같이 내딛는 발의 위치나 배트를 쥐는 법을 궁리하면서 타격에 임하는데, 가장 큰 특징은 '공을 극한까지 끌어들여서 친다.'는 것이다. 그래서 오타니 선수는 타격 방해가 많이 나오는 것으로도 유명하다.

많은 일본인 선수는 공을 앞에서 타격해 가볍게 치는 이미지가 강하다. 그러나 미국에서는 최대한 공을 끌어들여서 치는 것이 원칙이다. 오타니 선수의 경우 특히 바깥쪽 공에 대

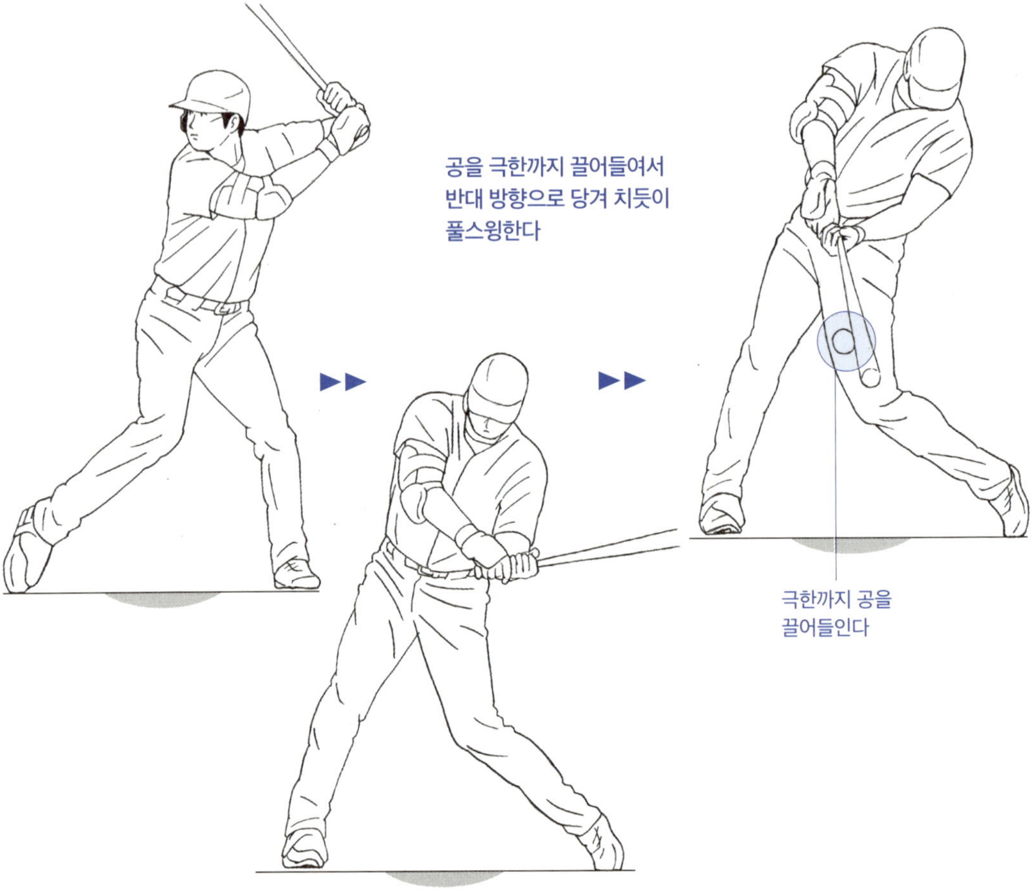

공을 극한까지 끌어들여서
반대 방향으로 당겨 치듯이
풀스윙한다

극한까지 공을
끌어들인다

해 그런 경향이 현저해서, 축발(오타니 선수의 경우는 왼발) 앞에서 공을 맞힌다. 그래서 밀어 치는 것이 아니라 '반대 방향으로 당겨 치듯이' 풀스윙을 한다.

일본에서는 타이밍이 늦어져 먹힌 타구가 나오는 것을 부끄럽게 여기지만, 미국에서는 타이밍이 빨라서 공보다 먼저 배트를 휘두르는 것을 수치로 생각한다. 아마도 그런 문화의 차이가 영향을 끼치는 것은 아닐까?

축발의 앞에서 공을 맞힌다

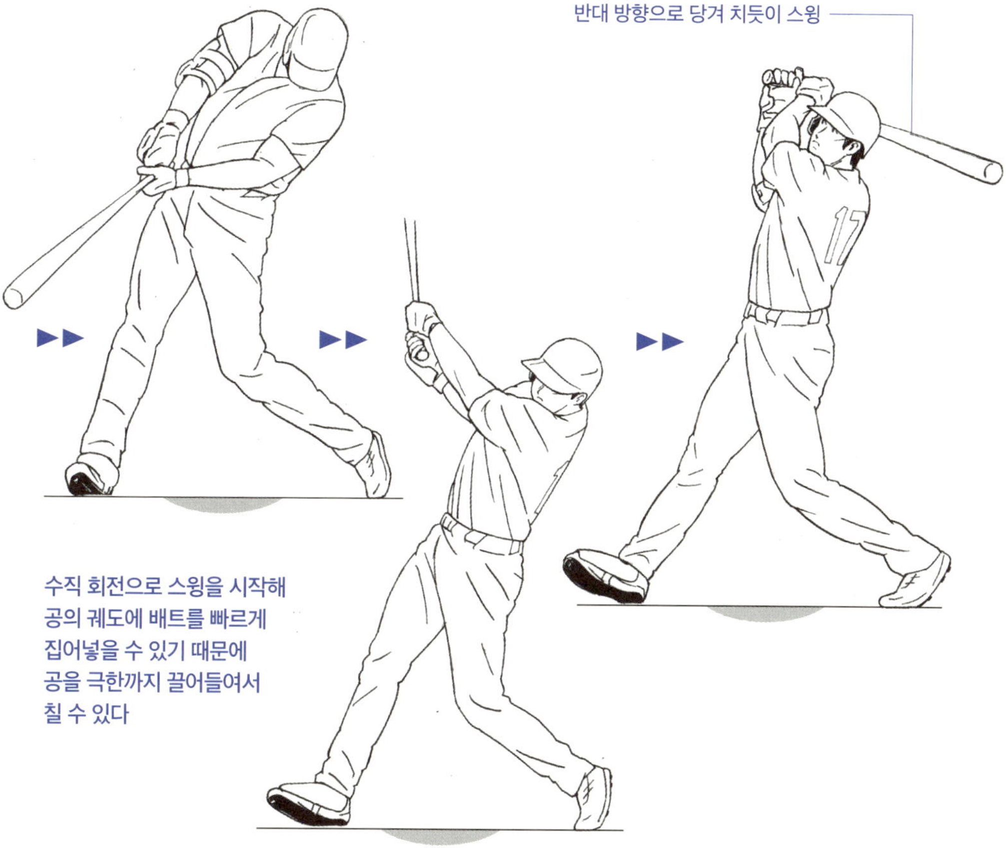

반대 방향으로 당겨 치듯이 스윙

수직 회전으로 스윙을 시작해 공의 궤도에 배트를 빠르게 집어넣을 수 있기 때문에 공을 극한까지 끌어들여서 칠 수 있다

103

배트 스프레이의 사용법도 독특

타격 기술 이외에 배트 스프레이를 사용하는 방법이 독특하다는 것도 재미있는 부분이다. 보통은 배트 그립 부근에 스프레이를 직접 뿌리기 마련이다. 그런데 오타니 선수는 공중에 스프레이를 분사하고 그곳에 배트를 집어넣은 다음 마치 샤브샤브를 먹을 때 고기를 익히려고 젓가락을 휘젓듯이 배트를 움직인다.

어디까지나 추측이지만, 그렇게 함으로써 배트에 스프레이를 균일하게 묻히려는 생각인지도 모른다. 오타니 선수의 섬세한 일면을 보여주는 장면이라는 생각이 든다.

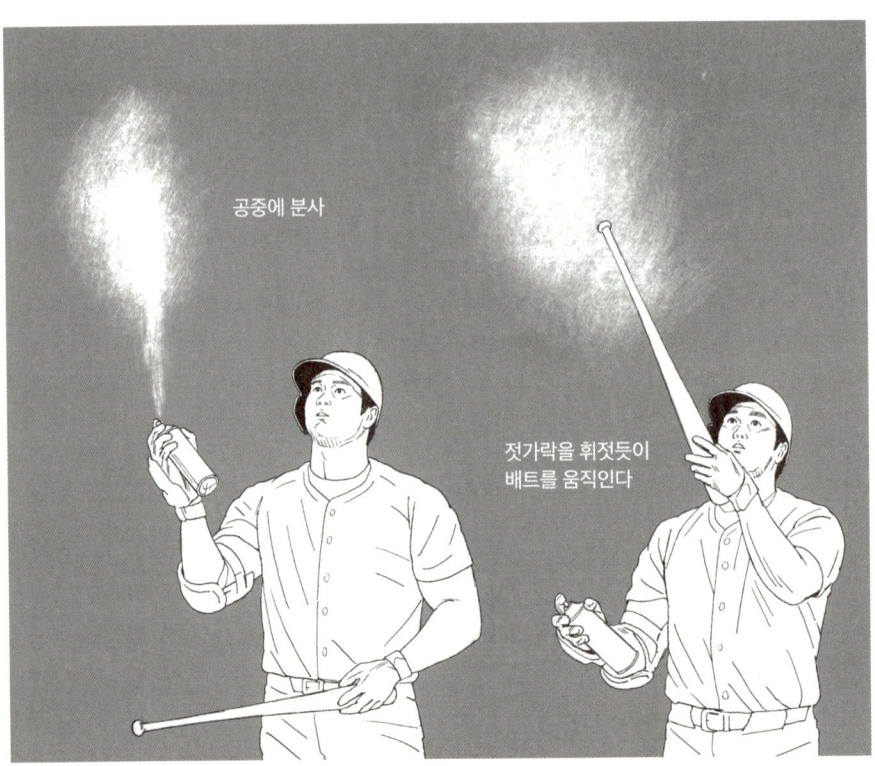

공중에 스프레이를 뿌린 다음 그곳에 배트를 집어넣는다

데이터·동영상·코치의 조언을 중시한다

마지막으로, 오타니 선수의 야구에 임하는 자세와 성격, 멘탈 등의 특징 몇 가지를 소개하겠다.

야구에 임하는 자세에서는, 데이터와 동영상, 코치의 조언이라는 세 가지를 중시한다. 특히 동영상에 관해서는 본인이 "동영상을 보는 것이 취미"라고 말할 정도로, 벤치나 라커룸에서 항상 동영상을 들여다보는 습관이 있다.

또한 코치의 조언을 중시하는 자세에서는 슈퍼스타답지 않게 자신의 생각을 고집하지 않는 성격이 드러난다.

항상 동영상을 확인하며,
코치의 조언을 중시한다

목표 달성 시트를 작성하고
그 목표를 차례차례 달성해 왔다

오타니 선수가 고등학생 시절에 만든 '목표 달성 시트'의 존재를 아는 사람이 많을 것이다. 하나마키히가시 고등학교의 사사키 히로시 감독의 가르침에 따라 작성한 이 시트는 강한 목표(꿈)를 중심에 놓고 그 주변에 9×9=81개의 세분화한 목표를 적어 넣은 것이다.

중앙의 강한 목표에는 "8개 구단으로부터 드래프트 1순위 지명을 받는다."라고 적고(일본 프로야구의 드래프트 1순위는 모든 구단이 원하는 선수를 적어 넣고 중복되는 선수가 있으면 추첨으로 교섭권을 부여하는 입찰 추첨 방식이다 - 옮긴이), 그 큰 목표를 달성하기 위해 '몸만들기', '컨트롤', '구위', '멘탈', '구속 160킬로미터', '인간성', '운', '변화구'의 8요소를 시트에 적어 넣었다.

또한 그 주위의 72칸에도 다양한 목표를 적어 넣었는데, 그 대부분을 실현한 것은 경이롭다고밖에 할 수 없다.

오타니 선수가 고등학교 1학년일 때 작성한 목표 달성 시트

몸 관리	영양제를 먹는다	프론트 스쿼트 90kg	인스텝 개선	몸통 강화	축이 흔들리지 않게 한다	각도를 키운다	위에서 공을 내리꽂는다	손목 강화
유연성	몸만들기	리어 스쿼트 130kg	릴리스 포인트의 안정화	컨트롤	불안감을 없앤다	힘을 주지 않는다	구위	하반신 주도
스태미나	가동역	식사 저녁 7공기 아침 3공기	하반신 강화	몸을 열지 않는다	멘탈 컨트롤을 한다	공을 앞으로 릴리스	회전수 증가	가동역
명확한 목표, 목적을 갖는다	일희일비 하지 않는다	머리는 냉정 하게 가슴은 뜨겁게	몸만들기	컨트롤	구위	축으로 돈다	하반신 강화	체중 증가
위기에 강해진다	멘탈	분위기에 휩쓸리지 않는다	멘탈	드래프트 1위 8구단	구속 160km/h	몸통 강화	구속 160km/h	어깨 주변의 강화
기복을 만들지 않는다	승리를 향한 집념	동료를 배려하는 마음	인간성	운	변화구	가동역	라이너 캐치볼	투구 수를 늘린다
감성	사랑받는 사람	계획성	인사	쓰레기 줍기	방 청소	카운트용 구종을 늘린다	포크볼 완성	슬라이더의 구위
배려심	인간성	감사	도구를 소중히 쓴다	운	심판을 대하는 태도	느리고 낙차가 있는 커브	변화구	좌타자에 대한 결정구
예의	신뢰받는 사람	계속하는 힘	긍정적 사고	응원받는 사람이 된다	책을 읽는다	패스트볼과 같은 자세로 던진다	스트라이크 에서 볼이 되도록 컨트롤	깊이를 이미지

오타니 선수의 수많은 명언을 실행해 보자!

오타니 선수는 여러 가지 명언도 남겼다. 수많은 명언 가운데 내가 특히 감명을 받았던 말 다섯 가지를 아래에 정리했다.
전부 긍정적인 말들로, 오타니 선수의 인품과 인생관이 드러난다.
마음이 움직일 때 그 결과 행동이 만들어진다. 부디 이 명언들을 실행하면서 제2의 오타니 선수가 되는 것을 목표로 삼길 바란다.

내가 감명받았던 오타니 선수의 명언 5선

1. 선입견은 가능을 불가능으로 만든다.

2. 인생이 꿈을 만드는 것이 아니다. 꿈이 인생을 만드는 것이다.

3. 성공한다든가 실패한다든가 하는 것은 내게 중요하지 않다. 그것을 해 보는 것이 더 중요하다.

4. 분했던 경험이 없으면 기쁜 경험도 하지 못한다.

5. 동경은 그만두자. 오늘은 최고가 되기 위해서 이곳에 왔으니.

후기

내가 경기에서 처음으로 담장을 넘기는 홈런을 쳤던 것은 중학교 2학년 때였다. 뭐라 말하기 힘든 만족감을 가슴에 품고 천천히 다이아몬드를 돌았던 당시의 감각이 지금도 생생하게 떠오른다. 그런데 2루 베이스를 돌았을 즈음, 코치에게 "인마, 네가 무슨 프로 선수라고 느릿느릿 뛰고 있어? 빨리 뛰지 못해!?"라는 호통을 듣고 황급히 전력으로 질주했던 기억이 난다.

일본 소년 야구의 그라운드는 크기가 성인의 그라운드와 그다지 다르지 않기 때문에 홈런이라고 해도 외야수들 사이를 꿰뚫은 인사이드 파크 홈런이 대부분이며, 담장을 넘기는 홈런은 좀처럼 나오지 않는다. 반면에 미국에서는 소년 야구용으로 좁게 설계한 그라운드에서 경기하기 때문에 담장을 넘기는 홈런이 종종 나온다. 그리고 아이들은 '조금만 노력하면 저 담장을 넘길 수 있어.'라며 있는 힘껏 배트를 휘두르는 쾌감에 젖는다. 그 모습은 메이저리그에서 홈런을 연발하는 오타니 쇼헤이 선수의 모습과 겹친다.

오타니 선수를 보고 있으면 견딜 수 없을 만큼 야구를 좋아하는 것이 그대로 전해진다. 마치 야구 소년의 마음 그 자체다.

타자 오타니 선수의 경기 전 루틴은 동영상을 보는 것으로 시작된다고 한다. 자신뿐만 아니라 다양한 타자가 타격하는 모습을 보고 이미지를 머릿속에 그린다. 그리고 먼저 티 스탠드에 놓은 공을 친다. 다음에는 코치가 정면에서 토스해 주는 공으로 티 배팅을 하며, 마지막에는 트라젝트 아크라고 부르는, 지정한 투수의 투구를 재현할 수 있는 타격 머신을 사용해서 타격 연습을 한다. 또한 그 사이 블라스트라는 장치를 배트의 그립엔드에 장착

해서 스윙 속도와 각도 등을 계측하면서 스윙한다.

참으로 세심한 작업의 연속이지만, 당사자인 오타니 선수는 굉장히 즐거워 보인다. 본인이 하고 싶어서 하는 것이기에 참을 수 없이 즐거울 것이다. 그래서인지 경기에서 4타수 무안타에 그치더라도 클럽 하우스에서 제일 밝게 행동한다. 믿을 수 없을 만큼 주변의 분위기를 밝게 만든다.

이 책에서는 오타니 선수의 배팅 메커니즘을 철저히 해부함으로써 타구를 더 멀리 날리기 위한 방법을 모색해 봤다. 결론은 기존의 일본 야구계의 배팅 이론과는 정반대의 것이 되었다. 나는 기존의 배팅 이론을 덮어놓고 부정할 생각은 없다. 그러나 오타니 선수가 메이저리그로 이적한 뒤에 실천에 옮긴 배팅 메커니즘의 대전환이 50-50(50홈런·50도루)이라는 기적을 실현한 것은 부정할 수 없는 사실이다.

마지막으로, 300점 이상의 일러스트를 그려 주신 일러스트레이터 요코야마 히데시 씨, 읽기 편하게 디자인해 주신 디자이너 다나카 슌스케 씨, 여러 가지 조언을 해 주신 프리랜스 편집자 가리노 모토하루 씨, 이 책을 출판한 기회를 제공해 주신 주식회사 엑스날러지 편집부의 가토 신이치로 씨, 그리고 공을 멀리 날려 보내는 쾌감을 재인식시켜 준, 또 전 세계에 야구팬을 늘려 준 오타니 쇼헤이 선수에게 진심으로 감사의 말을 전한다.

2025년 벚꽃이 피는 계절에
저자

참고 문헌

《프로야구 타자의 공통 자세&습득법(プロ野球打者の共通フォーム&習得法)》
　　　다치바나 류지 감수, 가나호리 데쓰야 협력, 베이스볼매거진사

《과학에 기반을 둔 뜬공 타법(科学に基づく フライボール打法)》
　　　다치바나 류지 지음, 베이스볼매거진사

《오타니 쇼헤이의 말(大谷翔平の言葉)》 구와바라 데루야 지음, 리버럴사

〈베이스볼 클리닉〉 2021년 10월호, 베이스볼매거진사

〈베이스볼 클리닉〉 2021년 12월호, 베이스볼매거진사

감수(한국어판)의 글

커리어의 대부분을 타격 코치로 채워온 나로서는 오타니 쇼헤이의 경이적인 타격 능력에 관심을 둘 수밖에 없었다. 그러던 중 《오타니 쇼헤이의 홈런 배팅 기술》의 번역 감수를 맡게 되어 뜻깊은 일이라 생각한다.

이 책은 오타니 쇼헤이를 모델로 삼아 '홈런 잘 치는 법'을 가르친다. 현재 오타니의 타격 메커니즘을 분석하고, 과거의 타격 자세와 비교하여 그가 어떻게 변화하고 진화해 왔는지를 상세히 살펴본다. 오타니는 토 스텝을 활용한 힙 퍼스트로 체중 이동과 엉덩이 꼬임을 만들고 톱 핸드 플라잉 엘보를 구축한다. 그리고 가장 크게 비거리를 증가시키는 19도로 타격할 수 있도록 수직 회전을 활용해 컨택트 구역을 넓히고 스윙의 궤적을 크게 가져간다. 이러한 타격을 자세히 분석함으로써 홈런을 만들어내는 기술에 과학적으로 접근하고 있다.

그리고 저자가 스포츠 의학을 전공한 컨디셔닝 코치라는 점은 이 책의 또 다른 미덕이다. 근육량, 견갑골의 운동성과 안정성, 골반·대요근·고관절의 활용 능력 등과 홈런의 상관 관계를 밝힌 부분이 인상적이고 흥미롭다. 타자들에게 구체적인 도움이 되리라 생각한다.

이 책이 홈런 타자를 꿈꾸는 이들에게 유용한 지식과 정보를 제공하기를 바라며, 야구 타격 기술을 발전시키는 데 의미 있는 역할을 하리라 기대한다.

김용달

OTANI SHOHEI NO BATTING KAIBOUZUKAN
ⓒ RYUJI TACHIBANA 2025
Originally published in Japan in 2025 by X-Knowledge Co., Ltd.
Korean translation rights arranged through AMO Agency KOREA

이 책의 한국어판 저작권은 AMO 에이전시를 통한 저작권자와의 독점 계약으로 한스미디어에 있습니다.
저작권법에 의해 한국 내에서 보호를 받는 저작물이므로 무단전재와 복제를 금합니다.

옮긴이 이지호
일본에서 통번역을 공부하고 번역가가 되었다. 과학과 기계, 스포츠, 서브컬처를 비롯해 세상의 다양한 취미 분야에 관심이 많으며 편견 없이 바라보려 애쓴다. 건축과 토목에도 관심이 있어 종종 여행의 테마로 삼는다. 옮긴 책으로 《좌익 축구 우익 축구》, 《유럽 명문 클럽의 뼈 때리는 축구 철학》, 《축구의 멈추기 차기 절대 기술》, 《축구, 올바른 킥 입문》 등이 있다.

오타니 쇼헤이의 홈런 배팅 기술

1판 1쇄 인쇄 2025년 8월 14일
1판 1쇄 발행 2025년 8월 21일

지은이 다치바나 류지
옮긴이 이지호
감수(한국어판) 김용달
펴낸이 김기옥

실용본부장 박재성
실용팀 이소정
마케터 서지운
지원 고광현, 김형식

디자인 제이알컴
인쇄·제본 민언프린텍

펴낸곳 한스미디어(한즈미디어(주))
주소 121-839 서울시 마포구 양화로 11길 13(서교동, 강원빌딩 5층)
전화 02-707-0337 | **팩스** 02-707-0198 | **홈페이지** www.hansmedia.com
출판신고번호 제 313-2003-227호 | **신고일자** 2003년 6월 25일

ISBN 979-11-94777-42-7 (13690)

책값은 뒤표지에 있습니다.
잘못 만들어진 책은 구입하신 서점에서 교환해 드립니다.